青春文庫

「逆張り」で暴く
不都合な日本史

歴史の謎研究会［編］

歴史には、やっぱり裏があった！

歴史上、「悪人」のレッテルを貼られた人物は少なくない。天皇をしのぐほどの権勢を誇りながら、「大化の改新」によって滅んだ蘇我入鹿《そがのいるか》。平氏政権を樹立し、我が世の春を謳歌した平清盛。比叡山焼き討ちなど宗教弾圧を断行した織田信長。賄賂政治の権化とされてきた田沼意次《おきつぐ》など、枚挙にいとまがない。

しかし、ひと言で「悪人」と言っても、これがなかなか難しい。何が悪で、何が善であるか、その価値基準は時代によって異なるからだ。しかも、新しい為政者によって過去の記録が歪曲されやすいこともわれわれはよく知っている。

本書は、従来の人物像に惑わされることなく、彼らについて語られた史料を精査し、あえて「逆張り」することで、その実像に光を当てた。これは、とりもなおさず、彼らを悪人、愚者、敗者の側におしとどめておきたかった人々にとっては「不都合な真実」となるであろう。歴史に登場して以来、はからずも悪評を被《こうむ》り続けてきた者たちの心の叫びに耳を傾けてほしい。

２０２５年３月

歴史の謎研究会

「逆張り」で暴く不都合な日本史＊目次

目　次

構成・執筆■新明正晴（カミ通信）
カバー写真■首藤光一／アフロ
ＤＴＰ■フジマックオフィス

第1章

その「歴史評価」には裏がある

〝逆賊〟蘇我入鹿からみた「乙巳の変」と蘇我本宗家の滅亡

蘇我入鹿《そがのいるか》――。飛鳥時代を代表する豪族で、天皇（当時の呼称は「大王《おおきみ》」）をもしのぐほどの権勢を誇ったが、西暦六四五年、「乙巳《いっし》の変」と呼ばれる「大化の改新」のクーデターによって中大兄皇子《なかのおおえのおうじ》（のちの天智天皇《てんじてんのう》）と中臣《なかとみの》（藤原）鎌足《かまたり》らに滅ぼされてしまう。

入鹿は正史『日本書紀』の中では、権勢を笠に着て国政をほしいままにした逆賊とされており、その逆賊に正義派の中大兄と鎌足が天誅《てんちゅう》を加えたことになっている。はたして本当にそれほど単純な構図だったのだろうか。

なぜなら、「乙巳の変」の勝者は天智であり、その天智側が書き残したのが『日本書紀』という文献だからだ。勝者によって歴史が都合のよいようにゆがめられ記録されてきた例をわれわれはよく知っている。ここは『日本書紀』以外の文献をひもとき、そこから浮かび上がってくる逆賊・蘇我入鹿の言い分に耳を傾けてみたい。

入鹿は蘇我蝦夷《えみし》の子。生年は詳《つまび》らかでない。蘇我氏の先祖は一説に百済《くだら》からの渡来人とされる。代々経理に明るく、大和朝廷の財政を担当した。六世紀半ばになって、入鹿には曽祖父にあたる稲目《いなめ》の代に、大和の他の豪族に先んじて百済から伝わった仏教を受け入れている。

稲目の子には堅塩媛《きたしひめ》や馬子《うまこ》がいた。堅塩媛は欽明《きんめい》天皇の后《きさき》となり、のちに二人の天皇（用命《ようめい》、推古《すいこ》）を成した。また、入鹿の祖父の馬子は当時の有力豪族・物部《もののべ》氏に伍して政治の中枢にあり、のちに物部氏を滅ぼしてもいる。こうして蘇我氏は馬子の代には大和朝廷で押しも押されもせぬ勢力を築き上げたのである。

入鹿の本名は蘇我太郎鞍作《くらつくり》という。天皇をないがしろにした逆賊とされたため、のちに入鹿と蔑称《べっしょう》されることになったものだ。古代、巨大な鯨は「勇魚《いさな》」と表記し、小型で不味《まず》くかつ漁場荒らしの乱暴者の有歯鯨は「入鹿」と書き表した。そこから命名されたものであろう。これは、弓削道鏡《ゆげのどうきょう》の皇位簒奪《さんだつ》を阻止した忠臣・和気清麻呂《わけのきよまろ》が一時期、「別部穢麻呂《わけべのきたなまろ》」と改名させられたことと同様である。

入鹿の若いころは武人肌で、頭脳も明晰《めいせき》だったらしい。『藤原家伝』という文献に、塾を開いていた旻《みん》という学僧が生徒である入鹿のことを「わが堂にあって蘇我太郎に及ぶものなし」と評したとある。

六二九年、入鹿は父蝦夷と共に田村皇子《たむらのみこ》（舒明《じょめい》天皇）を天皇に擁立。六四二年には祖父馬子が推古女帝を立てた例に倣《なら》い、舒明の后である宝皇女《たからのひめみこ》を皇極《こうぎょく》女帝として即位せしめた。さらに六四三年、入鹿は古人大兄《ふるひとのおおえ》皇子を皇位につけるため、邪魔になる聖徳太子の子山背大兄《やましろのおおえ》を襲い、一族を滅ぼす。六四四年には政界を引退した父に代わって大臣の要職を継ぎ、朝廷における権力を完全に掌握した。

こうして絶頂期を迎えた入鹿だったが、転落はすぐにやって来た。冒頭で述べたように、中大兄皇子と中臣鎌足らが起こした政変によって足をすくわれ、父蝦夷と共に滅ぶのである。

それは六四五年六月十二日のことだった。三韓の朝貢《ちょうこう》の上奏文を奏上する儀式が飛鳥板蓋宮《いたぶきのみや》において執り行われていたこの日、ときの皇極女帝の面前で入鹿は暗殺者に襲われたのである。斬られる直前、入鹿は皇極の御座《ぎょざ》にすがりつき、「わたしに何の罪があるのですか。どうか、お裁きを」と訴えたことが『日本書紀』に記録されている。

驚いた皇極が中大兄に詰問すると、中大兄はすかさず「鞍作臣《くらつくりのおみ》（入鹿）は天皇の位を窺《うかが》っています。天《あま》つ神の御子《みこ》の位に鞍作臣ごときがついてよいものでしょうか」と答えた。皇極はそれを聞くと黙ってその場を離れたという。

当日は雨天で、庭に出された首と胴が離れた入鹿の屍《しかばね》は莚《むしろ》一枚をかけられただけで放置された。権力者のあまりに憐れな末路であった。

さて、ここで問題なのは入鹿が本当に皇位を簒奪しようとしたのか、という点だ。残念ながら、中大兄の発言を裏付ける記録は一切ない。のちの「宇佐八幡神託事件」のときの弓削道鏡のように、入鹿が皇位を狙っていたことを示す言動はまったく伝わっていないのだ。中大兄の、入鹿を暗殺する口実と受け取られても仕方がないのである。

入鹿は奈良時代に書かれた『日本書紀』によって皇位を狙った逆賊とされた。これは、天智の権力奪取を正当と認め、その後に続く後継者の正当性をも主張するためであったと考えられる。そのためには、どうしても入鹿を悪者にする必要があったのだ。

研究者の中には、入鹿の暴虐さを証明する事件とされている山背大兄襲撃は『日本書紀』作者の捏造《ねつぞう》であって、山背大兄自体、架空の人物であると指摘する者もいるくらいだ。これは、怨みをのんで死んだはずの山背大兄一族に墓はおろか、慰霊のための神社も無いところから生まれた説である。

いずれにしろ『日本書紀』以外の史料では、蘇我氏に対する評価はかなり違ってくる。少なくとも江戸期までは、仏教を日本に根付かせ興隆に努めた仏教界の功労者であると考えられていたようである。例えば鎌倉期にわが国の仏教史について解説した『元亨釈書《げんこうしゃくしょ》』という本にも、蘇我氏が初期仏教に果たした役割は大きいと述べられている。

くだって江戸時代、現在の奈良県橿原《かしはら》市にある蘇我入鹿を祀《まつ》った入鹿神社の近くに、「蘇我入鹿公御旧跡」と刻まれた道標が大阪の人の寄進によって建てられた。この道標は現在も残っている。このことから江戸期の人々は、入鹿が「公」という敬称に値する人物だと考え、さらにまた、道標が建てられるくらいこの神社は人気があり詣でる人も多かったことを物語っている。

日本人の中に「蘇我入鹿＝悪者」のイメージが固まったのは明治期に入ってからだ。明治新政府は徳川家に代わる国家の支配者を天皇と定め、その下に強固な中央集権体制を構築しようとした。そして、そのために『日本書紀』の中で悪者になっている入鹿を担ぎ出したのである。

こうした思想教育は学校教育の場において巧妙になされていった。天皇に弓を引いた反逆者の憐れな末路についてふれ、その反逆者を退治した中大兄を英雄として称えることで天皇を中心とした国家観の正当性を印象づけたのである。

では、問題になるほどの専横な振る舞いがなかったとすれば、入鹿はなぜ「乙巳の変」で殺されたのかという新たな疑問が出てくる。この点については諸説出ているが、どうやら朝鮮半島をめぐる外交問題が争いの端緒になったようである。

入鹿は少なくとも専横な振る舞いが目立ったからという単純な理由だけで殺された訳ではなかったようである。

「悪逆無道の権力者」で片付けられない平清盛のもう一つの貌

日本史上の両巨頭である平清盛《たいらのきよもり》と織田信長には共通点が多い。とりわけ、二人とも商業を重視した。清盛が宋《そう》（当時の中国）との貿易に力を入れれば信長も南蛮貿易を推し進めた。清盛が海運によって物流を活性化させれば信長も楽市楽座でカネとモノ、ヒトの交流を図った。また、両者とも華美を好み、建築や美術を奨励した。

志半ばで倒れたところも同じだ。それも、両者とも天下取りを目前にしたところで思わぬ相手から足をすくわれている。清盛にすれば、まさか少年の頃に情けをかけて助命してやった源頼朝《みなもとのよりとも》がのちに自分に牙をむいてくるとは想像もしなかっただろう。信長にしても、それまでどんな命令にも唯々諾々《いいだくだく》と従っていた家来の明智光秀が謀反を起こすとは夢にも思っていなかったはずだ。

このように似通った二人だが、決定的に違う点がある。それは、両者の人物イメージの差だ。後世の評価を比較すると、圧倒的に清盛の印象が悪い。魔王とまで呼ばれ残虐な一面を持つ信長だが、どこか颯爽《さっそう》とした印象だ。それに比して、清盛には徹底して「陰」のイメージがつきまとう。天皇家や公家を脅《おびや》かし、平家一門の繁栄のために手段を選ばず陰謀で政敵を次々と葬った悪逆無道の人物――それが世間一般の平清盛像である。

その死に様も悪党にふさわしいものだった。『平家物語』では、清盛は高熱を発し、炎熱地獄の苦しみにのたうちながら悶死したと伝えている。これぞ、悪行の報いだというのである。

しかし、史書の人物評価ほどあてにならないことをわれわれはよく知っている。ときどきの為政者によって都合よく歪《ゆが》められるのが常だからだ。わが国に商業の芽を植え付けたほどの革新的で進歩的な考え方の持ち主が、稀代の悪党とされたのはなぜか。ここは平清盛の実像に迫ってみることにしよう。

平清盛は永久六年（一一一八）一月、平忠盛《ただもり》の長男として誕生した。実は、清盛は忠盛の子ではなく、白河《しらかわ》法皇の子だとする説がある。白河院から信頼されていた忠盛はあるとき、院の寵姫《ちょうき》であった祇園女御《ぎおんのにょうご》という女性を院より賜った。女御は

このときすでに妊娠しており、院は忠盛に対し、
「生まれてくる子が女ならわしの子に、男ならそなたの子として育てあげよ」
と言った。このときの子が清盛だというのである。これは『平家物語』に語られている逸話である。この説以外に女御の妹を清盛の生母とする説もあり、はっきりしたことは分かっていない。いずれにしろ、若い清盛は異例の出世を遂げており、そこに白河院の引き立てがあったことは間違いなく、そこから清盛皇胤《こういん》説が生まれたものであろう。

清盛は十二歳にして従五位下左兵衛佐に叙任後、十八歳で昇殿、二十歳で肥後守に任官と順調すぎる昇進ぶりだった。そして、やがて大きな転機が訪れる。「保元・平治の乱」である。

一一五六年の「保元の乱」において清盛は源義朝《よしとも》と共に後白河天皇（のち法皇）方に属し、崇徳《すとく》上皇軍を破る。三年後の「平治の乱」では源義朝を倒して平氏による武家政権の基盤を固めた。清盛が樹立したこの武家政権は明治維新を迎えるまでおよそ七百年間も日本史上に君臨することになる。

その後の清盛だが、平氏一門を次々と要職につけることで発言力を強めていき、

しまいには娘徳子を女御として入内《じゅだい》させ高倉天皇と徳子との間にできた子（安徳）を強引に次期天皇に据えるという荒技まで成功させた。むろん、それまでには「鹿《しし》ヶ谷《たに》事件」に象徴されるように幾人もの政敵を葬ってきたことは言うまでもない。

まさに、永遠に続くかと思われた平氏一門の繁栄ぶりであった。しかし、福原（神戸）遷都の失敗が祟《たた》り、各地で源氏勢力が蜂起《ほうき》。その鎮圧に当たろうとした矢先、清盛は病を得てあえなく没する。一一八一年閏《うるう》二月のことである。享年六十四。

清盛が生涯をかけてやったことは、文字通り「革命」であった。なんら生産活動に携わることもなく既得権益にしがみつく公家や寺社などの旧勢力を否定し、「貨幣経済」や「貿易」によって国を富ますことを選んだ。そして、その変革の原動力として「武力」を用いたのである。

清盛は宋銭を輸入してわが国における貨幣経済の基礎を築いた人物なのだ。福原遷都にしても、港を築造し宋との貿易を積極的にすすめるためであった。一武人にすぎなかったはずの清盛が、こうした経済感覚や国際感覚を一体どうやって身に付けたのだろうか。まさに、清盛こそは先見の明をもった日本史上希有の政治家だったのである。

そんな清盛が悪者にされたのは『平家物語』の影響が大きい。『平家物語』が成立したのは十三世紀前半の鎌倉期で、源氏の世に平家や清盛を褒《ほ》め称えた物語が世に出るはずもない。ときの為政者のご機嫌を損ねないよう、物語の中で殊更《ことさら》清盛を悪人に仕立てたことは明白である。

なかには、明らかに清盛と無関係の悪事までが『平家物語』の中で清盛の仕業とされている例もある。清盛の孫の資盛《すけもり》が平安京において、ときの摂政《せっしょう》（現代の総理大臣）藤原基房《もとふさ》の家来から些細なことが原因で辱《はずかし》められるという事件があった。清盛は、非は孫の側にあることがすぐに分かったものの、烈火のごとく怒り、手勢を遣わして基房の家来たちをさんざんに痛めつけ、全員の髻《もとどり》を切ってしまった。

摂政と言えども、平氏に刃向かうとこうなるというのを満天下に見せつけたのである。子供の喧嘩に親が出るではないが、何とも後味が悪い報復である。ところが、この事件が起こったとき、清盛は福原にいたことが確認されており、清盛の関与は有り得ないという。

実際は清盛の長子で資盛の父でもある重盛《しげもり》の仕業だったとみられている。重盛は

『平家物語』の中で、父清盛とは似ても似つかない温厚篤実な人物として登場する。作者は重盛を善人とすることで清盛の悪党ぶりを際立たせる狙いだったに違いない。小説の常套手段である。

それでは一体、清盛の実像とはどんなものだったのか。『平家物語』以外の史料で当たってみよう。清盛とほぼ同時代に書かれた歴史書『愚管抄《ぐかんしょう》』には、

「慎み深くて賢明。あちらにもこちらにもよいようにと絶えず心配りしている」

とある。また、説話集『十訓抄《じっきんしょう》』には、

「清盛の歓心を買おうとしてあまり面白くない冗談を言う人があっても、清盛はさも面白そうに笑ってやった。過ちを犯した人があっても、けっして荒い言葉で叱ることもなかった。寒い季節には宿直の侍を暖かいところに寝かせてやり、自分が朝早く目覚めたときなどは彼らが目を覚まさないようそっと起きるのが常だった」

と清盛が家来思いだったことを伝えている。どちらも『平家物語』とはかけ離れた清盛像だ。一体、どちらが本当なのだろうか。

そこで何の先入観も持たず、清盛の足跡を再検証してみよう。すると意外な事実が判明した。清盛の六十四年の生涯を丹念にたどると、誰が見ても「悪行」と思わ

れるのは、一時は友好的だった後白河法皇と反目しあう仲となり、法皇を幽閉した事件くらいであることに気付く。

後白河法皇は稀代の策謀家で、のちに「日本一の大天狗である」と源頼朝に慨嘆させたほどの人物だ。清盛の嫡男重盛が亡くなった際、この後白河法皇が重盛の遺領の一部を勝手にわがものにしたことから清盛が怒り、法皇を鳥羽殿に幽閉してしまったのである。

先の鹿ヶ谷における平氏打倒の陰謀では、法皇が黒幕であることを承知の上で清盛は許したが、今回ばかりは堪忍袋の緒を切った形だ。したがって、この事件とて、清盛側に非があるとは言い切れないのだが、何と言っても元天皇である法皇に逆らったことは事実だ。この一事があるために清盛は後世、「逆臣」の汚名を着ることとなったわけである。

こうして見てくると、清盛悪人説はかなり怪しくなってくる。少なくとも『平家物語』に登場する清盛はかなり脚色されたものであろう。その実像は、閉塞《へいそく》した公家全盛の世の中に風穴をあけ、商業の大切さを日本人に知らしめた偉大な革命家であったと見るべきなのかもしれない。

鎌倉幕府の屋台骨を担った尼将軍・北条政子が、日本三大悪女とされてきた理由

北条政子《ほうじょうまさこ》は、鎌倉幕府を開いた源頼朝《みなもとのよりとも》の御台所《みだいどころ》（正妻）である。誰が決めたか、室町幕府第八代将軍・足利義政《よしまさ》の正妻・日野富子、豊臣秀吉の側室・淀殿と並んで「日本三大悪女」の一人と呼ばれているらしい。

日野富子は蓄財にしか興味がなく、優柔不断な夫・義政の尻を叩いてばかりいた。淀殿は織田信長の妹・お市の方の娘で、秀吉に請われて側室になったものの、結果的に豊臣家を滅ぼす元凶になった人物と言われている女性だ。

では、北条政子はどんな理由で「悪女」になったのだろうか。実は、生まれてから亡くなるまでの彼女の約七十年の生涯を見渡しても、「これは悪女と言われても仕様がない」と思えるような出来事は見当たらないのだ。

むしろ、政権を公家から奪って武家による武家のための政権を打ち立てようとする夫・頼朝を、陰になり日向になって支えた賢夫人だった。しかも、頼朝の跡を継

いだ息子二人が横道に逸《そ》れようとするのを諫《いさ》め、立派な為政者に育てようと心を砕く賢母としての顔も持っていた。

そんな政子が、なぜ歴史上の「三大悪女」の一人にされてしまったのだろうか。以下でそのあたりを述べてみたいと思う。

そもそも、どんな女性を「悪女」と定義するか、難しい問題だ。『広辞苑』を開いても、①性質のよくない女。②顔かたちの醜い女。醜婦——としか出てこない。男尊女卑の家父長制が根強く残るわが日本にあっては、気が強くて嫉妬深く、男の言いなりにならない女、というのが一般的（主に男側の）認識だろう。

しかし、こうした認識は江戸期以降のものと言える。江戸幕府は支配体制を確固たるものにするため儒教（朱子学）を学問や行動規範の柱としたが、それによって女性には小さい頃から「三従《さんじゅう》の訓《おし》え」を説いた。すなわち、父→夫→子と、「男に従い続ける人生」を女性側に求めたのである。

ところが、江戸期以前の、平安期から鎌倉期にかけての女性は、もっと自由だったと言われている。例えば、北条政子が生きた鎌倉前期、武士の家では一族の代表である本家の惣領が子や兄妹などの一族郎党をまとめ、子が親の所領・財産を相続する場合、男も女も分割してもらうことができた。

したがって、女性と雖《いえど》もそれを鎌倉殿（幕府）に認めてもらえば、御家人や地頭（与えられた土地を管理・運営した）になることもできた。また、夫に成り代わって家の管理や財産を運用したり、政治には表立って参加できないものの、夫や兄弟の陰から口を出したりする女性も珍しくなかったようである。そんな時代背景を頭に入れたうえで読み進めてもらえるとありがたい。

いきなりだが、北条政子が後世、「悪女」のレッテルを貼られることになった最大の理由と思われる「亀の前事件」の経緯《いきさつ》から始めたいと思う。

政子の夫・源頼朝は女好きだった。といっても、当時の貴種の部類に入る男たちは子孫を絶やさないためにほぼ例外なく次から次へと女性に手を出したので、頼朝一人が無類の女好きだったとは言えない。

それが証拠に、頼朝の父・源義朝《よしとも》には正室の由良御前《ゆらごぜん》（頼朝の母）のほかに源義《よし》経《つね》を生んだ常盤御前《ときわごぜん》や、義朝の庶長子になる源義平《よしひら》（平清盛《たいらのきよもり》の暗殺に失敗して命を落とした）を産んだ三浦義明《みうらよしあき》の娘（名は不詳）など、記録に残るだけで五人の側室（妾《めかけ》）がいた。

一方、頼朝の場合、正室の政子以外に、頼朝の最初の妻とされる八重姫《やえひめ》、頼朝の第四子を産んだ大進局《だいしんのつぼね》、頼朝が伊豆にいた頃から仕えていたとされる以外、出自などは一切不詳の亀の前、相模国《さがみ》（神奈川県）の豪族・波多野一族から出た利根局《とねのつぼね》など四～五人の女性が知られている。

これは頼朝のような身分の高い者からすれば少ないほうだという。史家の間では、それだけ政子の目が怖かったからだと言われている。これら側室たちの中で、特に政子と激しいバトルを繰り広げたのが、亀の前である。

保元《ほうげん》二年（一一五七）、伊豆国の豪族・北条時政《ほうじょうときまさ》（のちの鎌倉幕府初代執権《しっけん》）の長女として誕生した政子。平家との戦に敗れ、伊豆に流されてきた源頼朝と出会い、結婚したのは二十頃のことだった。寿永《じゅえい》元年（一一八二）、政子が二十六で待望の男子（のちの第二代将軍・頼家《よりいえ》）を出産したときにその「事件」は起こっている。

頼朝は政子が懐妊中に新しい側室をつくり、その女・亀の前を溺愛したのである。そのことを政子にとっては継母で仲が悪かった牧《まき》の方《かた》から聞かされ、政子は激怒した。京都で育った牧の方はその怒りを煽るかのように政子にこう囁《ささや》いたという。

「都では気に入らない妾に対し、『後妻打《うわなり》ち』という方法で制裁を加えるようです」

うわなり打ちのうわは上→後の意味で、後妻を指す。主には、先妻が後妻への嫉妬心から、仲間（女性に限る）を集め、後妻が住む家を襲撃して乱暴狼藉《ろうぜき》を働くという風習で、平安時代から江戸の前期まで繰り返し行われたらしい。うわなりを漢字一字で「嫐」と表すこともある。これ以上相応《ふさわ》しい漢字もないであろう。

こうして継母から焚き付けられた政子は、牧の方の兄・牧宗親《まきむねちか》に命じて、亀の前が頼朝の差し金によって匿われていた伏見広綱《ふしみひろつな》（頼朝の右筆《ゆうひつ》＝秘書官）の屋敷を襲わせる。当時、広綱の屋敷は今日の神奈川県逗子市にあったという。その屋敷が牧宗親の手勢によって中も外も徹底的に破壊されたのである。

亀の前はこのときの襲撃から命からがら逃れることができたらしい。彼女のその後の消息に関しては記録がないため不明だ。

こうした風習があったにせよ、中世、身分の高い夫の妻が、夫の女性関係に口出しすることは一種タブー視されていたようである。当時、身分の高い男たちは正妻以外に妾を囲うのは当たり前のことで、都で暮らす（暮らした）男なら尚更だった。ところが伊豆の片田舎で生まれ育った政子には、自分の懐妊中に妾をつくるような頼朝の軽率な行動に我慢がならなかったのだ。

なお、この「亀の前事件」以後、頼朝の女癖の悪さは収まったかに見えたが、それも束《つか》の間だった。政子は三十歳で次女（三幡《さんまん》、政子にとって第三子）を産んでいるのだが、このときも懐妊中に頼朝は新しい妾（大進局）に夢中になっている。頼朝の女癖に歯止めはきかなかったのだ。

いずれにしろ、この「亀の前事件」の一事を以て、政子に「悪女」の評価が下されてしまったと言える。しかし、これとて夫を愛するがゆえの行動であったと見れば、むしろ政子に同情したくなるくらいだ。特に、いつの時代にあっても世間の女性たちの多くはこのときの政子がとった行動に対し「よくやった」と快哉を叫ぶに違いない。

したがって、北条政子＝悪女説は男性側の手前勝手な論理であると言い切って間違いないようである。

この「亀の前事件」以外に、政子の悪女ぶりを伝えるような逸話は見つかっていない。むしろ、政子の情け深さをうかがわせる逸話はいくつも記録にある。

例えば、平家が壇ノ浦で滅んだ後、頼朝はスタンドプレーが目立つ弟義経を憎むようになる。そこで義経は頼朝の追求から逃れるため九州に向かおうとし、奈良の吉野で愛妾・静御前と別れる。ところが静は山中で道に迷い、頼朝の手勢に捕らえられてしまう。鎌倉に連行されてきたその静の命を救ったのが政子だった。

頼朝は静を引見すると、都で白拍子《しらびょうし》（歌舞に長けた遊女）の名手と言われていた静に一差《ひとさし》、舞うよう命じた。すると静は怖れ気もなく頼朝の御簾《みす》前に進み出て、義経を慕う今様《いまよう》（歌謡）を詠《うた》いながら優雅に舞を披露したという。

頼朝はこのときの静の凛とした態度と今様の内容に怒りを覚え、静の命を奪おうとするが、そばにいた政子が、こう言ってそれを押しとどめた。

「伊豆で流人だったあなた（頼朝）と出会ったとき、私はどれほど不安だったことか。静の今の気持ちはあのときの私と一緒。そればかりか、この場にあっても九郎どの（義経）を慕う貞女ぶりを見せる静には同じ女として頭が下がります」

このとりなしによって静は助命されたのだった。

頼朝と結婚したことで歴史の表舞台に立った政子だったが、妻や母としては忍従の日々だった。夫の女癖の悪さはすでに述べたが、家族との縁も薄かった。

政子が四十一のとき第一子の大姫《おおひめ》が病死（享年二十）、四十三で夫・頼朝が急死（享年五十三）、そのわずか半年後に次女・三幡が病死（享年十四）、さらに四十八のときには頼朝の跡を継いだ長男・頼家が暗殺（享年二十三）され、六十三のときには四人の子供のうち最後に残った実朝《さねとも》（第三代将軍）も暗殺（享年二十八）されてしまった。

頼家が暗殺されたとき、その直前に政子は将軍の座にふさわしくない不行跡《ふぎょうせき》が目につくようになったことを理由に、自分が頼家から政権を取り上げていただけに、より自責の念に強く駆られたようである。なお、この頼家の不行跡や暗殺事件に関しては謎が多く、政子がどこまで絡んでいたのかよく分かっていない。

政子は最後の実朝が、甥《おい》の公暁《くぎょう》（法名、頼家の次男）に殺されたときは一段と深い悲しみに打ちひしがれ、川に身投げして死ぬことも考えたという。

政子は頼朝亡き後、鎌倉幕府の御台所としての立場と北条家の長女としての立場の板挟みとなりながらも、夫が創設した幕府を必死に守り抜こうとしたことは事実であろう。政子の存在があったからこそ鎌倉幕府百五十年の礎は築かれたのである。

足利尊氏は本当に天下の逆賊だったのか

足利尊氏《あしかがたかうじ》――。鎌倉末期、南北朝時代の武将にして、足利（室町）幕府を開いた初代将軍だ。この尊氏、鎌倉幕府を滅亡へと追い込み、以後約二百四十年間命脈を保つことになる足利政権の基盤を築いた武将にしては、人気はもうひとつだ。

特に、皇国史観の色濃かった太平洋戦争以前の尊氏の評判は最悪だった。その理由の一つに、尊氏の寝返りがある。尊氏は最初、鎌倉幕府方の武将であったにもかかわらず、その幕府を裏切って天皇方（後醍醐《ごだいご》帝）に味方し、幕府を崩壊させた。

これだけなら「裏切り者」のレッテルを貼られただけですんだかもしれないが、やがて後醍醐と対立、南北朝分立の原因を作ってしまう。このときの「天皇に弓を引いた逆賊」という負のイメージが決定的となった。これを戦時下の軍部が、天皇への忠誠心を国民に植え付けるために利用したのである。

いわく、後醍醐を擁護した楠木正成《くすのきまさしげ》は忠義の臣であり、一方の尊氏はその正成を滅ぼし後醍醐に楯突いた天下の反逆者である、といった具合だ。こうして「尊氏＝逆賊」の人物像が固まっていったわけである。

「裏切り者」の汚名を着ることを承知のうえで、なぜ尊氏は天皇方に寝返って鎌倉幕府に牙を剥《む》いたのか、そして一旦は味方したはずの後醍醐に背くような行動をとったのはなぜなのか、尊氏の秘められた言い分にスポットを当てた。

尊氏が鎌倉幕府から出陣上洛の命を受けたのは、一三三三年のこと。京の六波羅《ろくはら》探題《たんだい》（幕府の出先機関）の兵と呼応し、後醍醐帝が糸を引く勤皇軍を鎮圧せよというものだった。後醍醐は武家から政権を奪還し天皇親政を目論んでいた。三十一歳と当時としては遅い即位であったが、即位と同時に様々な倒幕運動を画策した。

やがて、その運動は「正中《しょうちゅう》の変」（一三二四年）、「元弘《げんこう》の変」（一三三一年）となって幕府の屋台骨を揺さぶった。その政変はいずれも後醍醐側の敗北に終わったが、隠岐《おき》に流された後醍醐が島を抜け出し、再び倒幕運動を始めたため、幕府は尊氏らに後醍醐を討たせようとしたのである。

ところが、鎌倉を発した尊氏軍は京都市中に入ると、後醍醐が潜伏する伯耆《ほうき》国（現鳥取県西部）に向かうかと思いきや、六波羅探題を一気に襲い陥落させてしまったのである。のちに後醍醐はこのときの尊氏の働きは鎌倉を襲撃した新田義貞のそれに勝るものであると激賞し、自らの諱《いみな》である尊治《たかはる》の一字を与え、高氏から尊氏と改名させている。事前に後醍醐からの誘いがあったとはいえ、一体、尊氏を裏切り行為に走らせたものとは何だったのだろうか。

当時、鎌倉幕府は瀕死の状態にあった。源頼朝の血脈はすでに絶え、その執権であった北条氏が実質的な将軍として代々君臨していたが、凡庸《ぼんよう》極まりない北条高時の代になると一気に瓦解《がかい》の坂をころげ落ちることになった。幕府権威の衰退によって、荘園地頭の武士が次々に独立し、領地を持たぬ武士もいわゆる「悪党」となって各地で傍若無人なふるまいを見せるようになっていった。

常々、源氏の嫡流として乱れた世の中を正すのは自分の使命であると考えていた尊氏は、あえて後世に逆賊の汚名を着せられることを知りながら、このたびの裏切りに出たものだった。

尊氏という武将は名門の御曹司《おんぞうし》にありがちな気の強い面と弱い面を両方併せ持っていたという。後醍醐から深く帰依《きえ》された夢想国師は尊氏の人物像を、

「仁徳を兼ね備え、合戦では常に死を恐れない。また、心が広大で天性慈悲心をも

って人を憎むことを知らない。物惜しみもせず金銀や馬具を皆人に与えてしまう」と評している。悪逆無道の武将という従来のイメージからおよそかけ離れた尊氏像がそこから浮かび上がってくる。

尊氏が天皇を軽んじたように思われてもいるが、これも誤りだ。「中先代《なかせんだい》の乱」（一三三五年）の後、尊氏は後醍醐から追討を受ける身となったが、最初は後醍醐に対して弓を引くようなことはせず、寺に入って髻《もとどり》を切り出家までしようとした（『太平記』巻十四）。また、後醍醐が吉野で崩御《ほうぎょ》（一三三九年）した折には、七日間政務を停止して哀悼《あいとう》の念を表してもいる。

尊氏が後醍醐と争うことになったのは、後醍醐が尊氏を恐れ、尊氏が要求した征夷大将軍の官位を与えなかったからだ。尊氏は「中先代の乱」の後、ただちに武家政権を樹立する腹積もりだったという。

尊氏にすれば、このまま後醍醐の建武政権を容認することは時代の逆行を意味し、同時に自分を武家の棟梁と仰ぐようになった多くの武士たちの期待を裏切ることにもなる。建武政権が固まらないうちに一刻も早く幕府を開きたい――そう考えてやむなく後醍醐に刃向かったというのが真相とみられている。

関ケ原の戦いで西軍を裏切った小早川秀秋の胸の内と、真の裏切り者の存在

関ケ原の戦いにおける最大の裏切り者、自身の采配一つで日本の歴史を変えた寝返り男――などと数多《あまた》いる戦国武将の中でも評価が最低レベルに入る小早川秀秋《ひであき》。

ご存じのとおり秀秋は、豊臣秀吉の正妻・北政所《きたのまんどころ》（高台院）の兄、木下家定《いえさだ》の息子（五男）として生まれ、のちに秀吉の養子となった人物。

幼名は木下辰之助。七歳で秀吉の後継者候補として元服、木下秀俊《ひでとし》（のちに羽柴秀俊）を名乗る。十二歳のとき秀吉に実子（のちの秀頼）ができたことから、「お役御免」となった秀俊は豊臣の家を出て中国地方の雄、小早川（隆景）家に養子に入る。以後、秀俊は小早川秀秋を名乗った。

その後、朝鮮出兵（慶長の役）を経て、運命の関ケ原の戦いに突入する。このとき秀秋は数え十九歳。その若さで、自身知ってか知らでか、日本を二分した合戦の勝敗を左右するキャスティングボートを握ったことになる。

小早川秀秋はこの関ケ原の戦いで、なぜ豊臣家を裏切るようなことをしたのだろうか。さらに、この合戦では秀秋と同じくらい大きなダメージを西軍方に与えた「もう一人の裏切り者」がいたという。はたしてそれは誰のことだろうか——。

小早川秀秋が、美濃国《みの》（岐阜県）・関ケ原の南西にあたる松尾山城に布陣したのは、慶長五年（一六〇〇）九月十四日のことだった。当初、小早川隊は石田三成が率いる西軍（名目上の総大将は毛利輝元《てるもと》）に属していた。

西軍の総勢八万二千のうち小早川隊一万五千は全体の二〇％弱を占める一大勢力を誇っていた。一方、徳川家康が指揮する東軍は総勢七万四千と、まさに古今未曽有の一大合戦であった（兵数データは、大日本帝国陸軍参謀本部編纂による『日本の戦史　関ヶ原の役』に基づく）。

両軍の本格的な衝突が始まったのは、翌十五日午前八時頃だった。当初、戦いは西軍有利で展開したという。

明治中期、御雇《おやとい》外国人の一人として来日し、日本陸軍の軍制の近代化に貢献したドイツ軍参謀少佐メッケルが、関ケ原の戦いの布陣図をひと目見るなり、「西軍の勝ち」と断言したそうである。メッケルの目には西軍のほうが東軍よりも周辺の山々を巧みに利用して布陣していると映ったのである。

そこで家康は形勢逆転を図ろうとして、この段階になっても寝返るか否かを決めかねていた松尾山城の小早川の陣に向かって一斉射撃を命じた。秀秋を脅しつけ、東軍に寝返るよう強引に催促したわけである。

この瞬間、秀秋の肚は決まった。側面に展開していた味方――大谷吉継《よしつぐ》の陣に猛攻撃を仕掛け、これが呼び水となって西軍は総崩れとなったのである。

以上、ごくおおまかに小早川秀秋の寝返りの顚末を述べたが、近年の研究ではこうした通説は「伝聞」がもとになっているため疑問点が多いという。

例えば通説では、寝返る様子をなかなか見せない秀秋に業を煮やした家康が、松尾山城目がけて鉄砲を撃ちかけたとされているが、信頼性の高い一次史料（当時、現場にいた当事者が書いた手紙など）にはそのことに触れたものがまだ見つかっていないという。

家康の側近同士がやりとりした手紙で一次史料とされている「松平家乗《いえのり》宛石川康《やす》通《みち》・彦坂元正《もとまさ》連署書状写」（「堀文書」）によると、合戦が始まったのは通説にある午前八時頃ではなく同十時頃で、しかも始まると同時に小早川隊は大谷吉継の陣に攻めかかっていた。秀秋が寝返りを逡巡《しゅんじゅん》した様子や家康が松尾山城に鉄砲を撃ちかけたといった記述は一切見られないという。

どうやら秀秋の東軍方への寝返りは、西軍方に事前に漏れていたことは間違いないようだ。通説では、大谷吉継は味方の小早川隊から突然攻め込まれ大いに慌《あわ》てたことになっているが、実際には秀秋の離反をある程度予想していたようである。

このことは吉継の陣が前方の東軍に対してではなく、側面の秀秋の陣に向けて防御用の土塁を築いていたことでも明らかである。したがって、いざ小早川隊に攻め込まれても吉継は「待ってました」とばかりに応戦し、小早川隊を押し戻していた。

ところが、秀秋の裏切りに備えて配置していた脇坂隊・朽木《くつき》隊らが、小早川隊を追撃するどころか、味方の大谷隊に槍先を向け始めたから堪らない。

すぐに大谷隊は、勢いを盛り返した小早川隊と脇坂隊、東軍の三者・三方から取り囲まれてしまう。豊臣秀吉をして「吉継に百万の兵を与え、自由に采配させてみたいものだ」と言わしめたさすがの知将も、こうして味方の裏切りによって戦場の露と消えたのだった。

このように西国の有力大名である小早川秀秋の裏切りによって、態度を決めかねていた西軍の諸将の多くが右へ倣《なら》えし、合戦の勝敗を決定づけたことは疑いようがない事実である。

では本題の秀秋の裏切りはなぜ起こったのか、それを決断させた秀秋の動機について考えてみたい。どうやら秀秋にとって、豊臣政権下で冷遇されたことが一番の理由のようである。

はじめは秀吉の後継者として大事に育てられたのに秀頼の誕生によって豊臣家を追い出され、若くして酒と女に溺れてしまう。そんな傷心の日々を送る秀秋に甘い言葉で近付いてきたのが、家康だった。

家康の秀秋への接近は朝鮮出兵のときに始まった。朝鮮から帰国した秀秋は、それまでの筑前国《ちくぜんのくに》（福岡県）から越前国《えちぜんのくに》（福井県）への国替えを秀吉から命じられてしまう。三十五万石から十二万石へと大幅な減転封《げんてんぽう》だった。そのとき秀吉はどんな理由からそれを命じたのか、真意は分かっていない。

通説では、朝鮮出兵の蔚山城《うるさんじょう》の戦いで秀秋に軽率な行動があり、そのことを秀吉は側近の石田三成から報告を受け、秀秋を罰する意味で国替えを命じたと言われている。しかし、秀秋が蔚山城の戦いに参加したことを裏付ける確かな史料は見つかっておらず、おそらくこれは後世の徳川寄りの者が秀吉に対し三成が讒言《ざんげん》したことにして、三成を殊更《ことさら》悪者に仕立てる意図があったものと思われている。

秀秋はその後、同じような立場だった秀吉の養子・豊臣秀次《ひでつぐ》のように自分も秀吉に「用済み」と見なされ抹殺されてしまうのではないかとビクビクしながら過ごすが、やがて秀吉が亡くなり、その心配から解放される。

秀秋は一安心したものの、豊臣政権に対する拭いきれない不信感は募る一方だった。そんなとき秀吉から政権を託された五大老筆頭の家康のとりなしがあり、秀秋は筑前への復領がかなう。

おそらく秀秋は、関ケ原に着陣した時点で肚は決まっていたのだろう。だからこそ、小早川隊は一瞬の躊躇《ちゅうちょ》もなく開戦と同時に大谷陣に突撃したのだ。大方の西軍諸将の目にはその行為は裏切り・寝返りと映ったかもしれないが、秀秋にすれば自分の未来をかけた乾坤一擲《けんこんいってき》の大博打《おおばくち》に打って出たのである。

「このまま豊臣方にいても自分の未来はない。使い捨てにされて抛《ほう》り出されるか、悪くすれば殺される可能性だってある。それなら情けをかけてくれた家康についたほうが未来は拓《ひら》けるはず」と頭の中で算盤をはじいたのだ。こうして秀秋は家康の深謀遠慮に搦《から》め取られたことにも気づかず、徳川方に寝返ったのである。

しかしながら、この関ケ原での寝返りによって秀秋に対する世間の評判は悪くなる一方だった。もともと酒好きだった秀秋はこうした世間の悪評から逃れるため、愈々《いよいよ》酒に溺れ、関ケ原から二年後、わずか二十二で亡くなってしまう。自分の采配一つで日本の未来を変えてしまった男の寂しい末路だった。

最後に、冒頭で述べた、関ケ原の戦いで秀秋と同じくらい西軍にダメージを与えたと思われる「もう一人の裏切り者」について語ってみたい。その人物とは、毛利氏一門の吉川広家《きっかわひろいえ》のことである。

広家は、関ケ原では西軍に加担しながら総大将の毛利輝元に内密で家康と通じていた。これは策士の広家が、ただ一心に毛利家の存続を考えたうえでの行動だった。このときの戦では、自軍の出方一つで西軍に勝てる好機がありながら、広家は最後まで兵を動かさなかった。

広家の吉川隊はこのとき家康の後方の南宮山《なんぐうさん》に布陣していた。この南宮山には毛利輝元の名代として参陣していた毛利秀元《ひでもと》（輝元の養子）隊をはじめ長束正家《なつかまさいえ》隊や長宗我部盛親《ちょうそかべもりちか》隊らを含むおよそ三万の兵力があった。吉川隊はその先鋒だった。

戦が佳境に入ってくると、石田三成をはじめ、同じ南宮山に布陣する秀元隊や長宗我部隊からも、吉川隊に出撃を促す使者が何度もやって来るが、広家はそのつど「今は霧が出ていて動けない」とか「これから弁当を食べるところだ」などと理由をつけて、使者を追い返していた。

もしも南宮山の西軍三万が家康本隊を背後から襲っていれば、石田三成の西軍本隊と連携して家康を挟み撃ちにすることができ、戦況は一気に西軍有利に傾いたことだろう。しかし、実際にはそうはならなかった。秀元隊や長宗我部隊は吉川隊を無視して自分たちだけでも山を下りようとしたのだが、ちょうどその行路を阻《はば》むかのように吉川隊が布陣していたため、どうにもならなかったのである。

このときの広家のどっちつかずの煮え切らない態度を、後世の人は「宰相《さいしょう》殿（広家を指す）の空弁当《からべんとう》」と称して揶揄《やゆ》したそうである。

吉川隊が南宮山に布陣していたとき、総大将の毛利輝元は大坂城にいた。広家はその輝元に使者を出し、石田三成から出撃要請があってもけっして兵を出さないよう説得する工作も行っている。

広家のこうした石田三成に対する裏切り行為が奏功し、毛利家は関ケ原の敗戦後、家康から大幅な減封処分を受けたものの、敗軍の総大将でありながら家名存続はかなった。この毛利家が興した長州藩が江戸時代を生き抜き、のちに幕府を倒す原動力となるのだから、歴史は面白い。

それはさておき、先述した小早川秀秋とこの吉川広家、どちらが石田三成の西軍にとって、よりダメージが大きかったかを考えたとき、総大将を大坂城に押し留め、家康の背後を狙える好機をみすみす放棄した吉川広家のほうがより西軍の敗因に直結したように思えるのだが、いかがだろうか。

きっと小早川秀秋は生前、「自分だけが裏切り者扱いされるのは間尺に合わない。生き残るために裏切りを選択するのも戦国の世の倣いではないか」と声を大にして叫びたかったに違いない。

〝凡庸〟とされる二代将軍徳川秀忠の本当の功績

天下取りを成し遂げた徳川家康の跡を継いだのは家康の三男、秀忠《ひでただ》である。強烈な個性の父家康と比べるのは酷としても、あとに続く三代家光と比較しても、秀忠には従順で月並みな二代目、凡庸な将軍とのイメージがつきまとう。実際、戦場においてはさしたる功績がなく、武将としては失格だったようである。

例えば、慶長五年（一六〇〇）九月に起こった天下分け目の関ケ原合戦では一軍を率いて東山道を上ったものの、途中、信濃上田で真田昌幸に阻まれ、大事な合戦に遅参するという大失態を演じ、家康の不興をかっている。

また、大坂冬の陣（一六一四年）では、この時すでに将軍の地位にあった秀忠は、関ケ原遅参の汚名をここで雪《すす》ごうと張り切り、五万もの大軍をわずか十七日で江戸から伏見へ移動させた。しかし、肝心の戦の準備はろくにできておらず、兵も強行軍でクタクタといった有様で、再び家康から叱責を受ける始末であった。

しかし、戦国乱世と違い、治世にあっては律儀な秀忠こそ為政者にふさわしい、との家康の深謀遠慮から二代目に決まったいきさつがある。

秀忠が二代将軍の座についたのは一六〇五年二月、二十七歳のときである。といっても、実権は駿府にいる家康が握っていた。その家康が一六一六年四月に死去し、秀忠は名実ともに天下を手中に収めることになるのだが、一六二三年、四十五歳で隠居し家光に将軍職を譲るまでの七年間で、一体どんな政治を行ったのかあまり知られていない。

律儀さだけがとりえの凡庸なる将軍といわれた秀忠だけに、きっと可もなく不可もない七年間だったと思いきや、これが予想に反して優れた政治手腕を発揮していたのだ。とりわけ、将軍の権威を確立するための大名統制策にはみるべきものがある。

例えば、実弟松平忠輝に対し、領地六十万石を没収して伊勢国に流したことがある。家康が死んでわずか二カ月後のことだ。忠輝は大坂の役の際、戦闘に参加せず傍観を決め込んでいた人物だ。そのため、家康存命中から謹慎を申し渡されていたのだが、今回、それをより厳しい配流の処分としたのである。

たとえ身内であっても楯突く者は許さないと新将軍の威勢を満天下に示したわけ

である。秀忠はこの松平忠輝の改易処分を皮切りに、その後も次々と大名家の改易を断行し、最終的に四十一家を潰している。石高だけをみると家康や家光を上回る四百三十九万石にも達しているのだ。

転封も多かった。特に経済活動が盛んな畿内周辺を重視し、一門の松平忠明《ただあきら》を伊勢から大坂へ移したのをはじめ、その周辺に譜代大名を集中的に配置した。改易・転封後の跡地が政治上重要な場合は、必ずそこに譜代・親藩を配置し、周辺大名の監視を強化して緻密《ちみつ》な支配体制を構築していったのである。

外様の大大名を改易させ、東北や中国地方、九州の豊後などに初めて譜代を置いたのも秀忠である。また、取り潰すだけでなく、譜代大名の創設にも積極的だった。浅野家が去った後の和歌山に弟頼宣《よりのぶ》を配置して紀伊藩を創設したのはその典型である。こうした大名統制策が将軍の権威を高めたのである。

秀忠は自分に父家康のようなカリスマ性がないことを熟知していたはずだ。それゆえ厳罰主義の恐怖政治によって大名の反抗心を押さえつけ、萎縮させて支配体制を堅持する方策を選んだのである。

大名統制策以外でも朝廷や寺社を締め付け、海外貿易を制限するなど内政重視で徳川幕府の基礎を固めた。これらの政策を単なる家康政治の継承と片付けるわけにはいかないだろう。「創業は易《やす》く守成は難《かた》し」というが、秀忠の政治手腕には凡庸の裏に隠された冷徹さを見ることができる。

地味で温和で真面目で律儀な将軍という従来のイメージと違い、実際は陰湿な将軍であったとみる史家もいる。その一人、作家の故隆慶一郎氏は秀忠を終始一貫してコンプレックスをもつ残忍な男として描いている。

作品の中では、柳生を使って政敵の暗殺を企み、あげくには家康の命まで狙う始末だ。兄弟にあたる結城秀康や松平忠吉が相次いで亡くなったのも秀忠の仕業になっており、優しい顔をしているが、頭の中はいつもずる賢いことを考えている奸悪な人物として登場する。――これはあくまで創作であるが、秀忠がもつ隠れた一面を象徴しているかもしれない。

いずれにしろ石橋を叩いて渡る慎重で保守的な人物であったことは間違いなく、そうした性格だったからこそ、徳川幕府三百年の基盤を築けたのである。武断政治から文治政治への統治の転換を成し遂げた秀忠。家康の後継者選びはやはり間違っていなかった。

犬公方・徳川綱吉は、本当に暗愚な将軍だったのか

古今東西、「天下の悪法」と呼ばれた法令は枚挙にいとまがない。わが国の歴史を見渡したとき、その最たるものが、徳川五代将軍綱吉《つなよし》が発令した「生類憐れみの令」であろう。動物を虐待した者には極刑をも辞さないという、史上類を見ない動物愛護令で、市井《しせい》の人々を二十年間も苦しめた。

「将軍綱吉の前で頬《ほお》に止まった蚊を打ち殺した小姓が切腹、その家族も謹慎処分」「どぶの中のぼうふらが死ぬからという理由でどぶの水をまくのも禁止」「雀を吹き矢で殺した親子が打ち首獄門」……など現代では考えられない馬鹿馬鹿しいものだった。当然、鳥や猪を捕らえる猟は禁止され、漁師さえも生活をおびやかされるほどだった。

特に、綱吉自身が戌《いぬ》年生まれだったことから、犬が大事にされた。四谷や新宿などに広大な敷地を用意して野犬収容所を設置、何万という数の犬を養った。収容所

の建設費や養育費などでその出費は莫大なものとなった。

この悪法によって、後世の人々は綱吉のことを「犬公方《くぼう》」とあだ名した。犬を人よりも大事にする暗愚な君主というレッテルを貼ったのである。しかし、本当にただの犬好きの短絡的な将軍だったのだろうか。綱吉がこの生類憐れみの令を発した真意とその言い分に耳を傾けてみよう。

綱吉は一六四六年、三代将軍家光の第四子として誕生した。幼名は徳松。母のお玉（のちの桂昌院）は家光の側室で、八百屋の娘から玉の輿に乗った女性である。徳松は母親思いの子だった。母を喜ばせるため勉学に熱中し、儒教に深く傾倒した。

十六歳のとき、館林《たてばやし》（群馬県）二十五万石を賜る。一六八〇年、三十五歳になった綱吉は兄家綱の跡目を継いで五代将軍となる。国政のかじ取りを任された綱吉がとりわけ力を注いだのは、湯島聖堂の建立をはじめとした学問の興隆だった。

こうした文治主義の最たるものが、一六八七年から一七〇九年まで続いた生類憐れみの令である。これはよく誤解されることだが、生類憐れみの令という名の法令は存在しない。

実際は「犬猫憐れみの令」「牛馬憐れみの令」などのように個別に発令されたも

ので、これらを総称して後世の人が生類憐れみの令と呼んだのである。なかには捨て子の取り締まりも含まれ、「人」を含めた生類全般に及ぶ法令だった。

その始まりは、桂昌院が崇敬を寄せる僧侶の亮賢《りょうけん》や隆光《りゅうこう》らが彼女に対し「綱吉に跡継ぎができないのは前世で動物を虐待したからだ。動物を愛護しなければ子は望めない」と進言、それを受け入れた桂昌院の勧めによるものだったという。

この法令では前述したように特に犬が大事にされたが、これによって捨て犬が急増するという皮肉な結果を生んだ。なぜなら、飼い犬に怪我をさせると罰せられたため、後難を恐れて捨てる者が続出したからだ。

そこで幕府は大規模な収容施設を設け、犬の保護に乗り出した。施設では「お犬様」の養育費として一匹あたり奉公人の俸給に匹敵する金額が支給された。最盛期は十万頭が飼育されていたというから、新たに十万人を雇用したに等しい大変な出費だった。しかも、彼ら犬たちは人間と違い何ら生産活動に貢献しないだけに、どぶに大金を捨て続けているようなものだった。この出費は江戸市民から徴収されたため庶民の怨嗟《えんさ》の声は募る一方だった。

しかし、マイナス面ばかりかというとそうとは言い切れない。この元禄時代というのは江戸市中に野犬が非常に多かった。これは人口の膨張によって生ごみが増えたことと無縁ではない。生類憐れみの令以前は野犬に子供がかまれて亡くなるという事故が頻繁に起きていたが、野犬が隔離されたことでそうした事故が激減した。

さらに、この法令によって治安の安定が図られたというプラス面も見逃せない。この時代、戦乱が収まってたかだか百年しか経っておらず、人々の胸に荒々しい戦国の名残りが影を潜めていた。旗本奴や町奴といった歌舞伎者――ならず者が異様な風体で市中を跋扈《ばっこ》し、喧嘩沙汰や試し斬りに明け暮れた。ときには他人の飼い犬を捕まえて皮をはぎ、鍋にして食べてしまうという狼藉《ろうぜき》も日常的に行われていた。

こうした幕府の権威をないがしろにした歌舞伎者を取り締まるために、そして同時に人々のささくれだった感情を押さえ込むために綱吉は、人――弱者を含めた生類全般に対し慈悲の心をもって接するよう説いたのである。これが生類憐れみの令を発した綱吉の真意だったという。

結果的に治安維持が図られただけで、綱吉にそこまでの深い考えはなかったとする従来の説は確かに根強いが、今日、綱吉こそは弱者救済を目指した名君だった、という再評価を試みる研究者がいることも事実である。

柳沢吉保が稀代の悪人のレッテルを貼られるにいたった経緯

柳沢吉保《やなぎさわよしやす》といえば軽輩から身を起こし、やがて徳川五代将軍綱吉の側用人となって実質的に幕政を動かした器量人として知られる。しかし、テレビや映画のチャンバラ劇に登場する吉保のイメージはすこぶる悪い。

ドラマの中の柳沢吉保はほとんどの場合、将軍の威光を笠に悪行三昧を重ねる君《くん》側《そく》の大奸《たいかん》として登場する。これははたしてどこまで真実なのだろうか。

史実として語られる柳沢吉保は、引き立ててくれた将軍綱吉が亡くなったのち、すぐに隠居したのだが、本人も跡取り息子も新政権から処罰を受けるようなことは一切なかった。吉保が本当に君側の大奸であったなら、間違いなく何らかの懲罰を蒙《こうむ》ったはずである。このことは吉保がドラマにあるような悪人でなかったというなによりの証明だ。

それでは、なぜ柳沢吉保は悪人にされたのか。異例の出世といわれた足跡をたどりつつ、吉保の言い分を聞いてみることにしよう。

柳沢吉保は万治元年十二月（一六五九年一月）、江戸は市ヶ谷で生まれた。父・安忠はもともと三代将軍家光の弟・徳川忠長に仕えていたが、忠長が改易されると、家光に一時仕えたのち、館林二十五万石の綱吉の家来となった。

吉保が家督を継いだのは一六七五年、十八歳のとき。隠居した父に替わって綱吉の小姓として出仕する。奇しくも綱吉は一回り上の同じ戌年生まれだった。五年後、その綱吉が将軍職に抜擢《ばってき》されると、吉保は小納戸役（将軍に近侍して様々な雑用をこなす）に任じられる。

儒教など学問に熱中する綱吉は吉保の学才を愛し、ちょうどこのころ「吉保が綱吉の文学の弟子となった」という記録が残っている。二人は主従であって、学問上の師弟関係でもあったのだ。

江戸城に入ってからの吉保の立身ぶりには目を見張るものがあり、三十一歳で諸侯に列し側用人となる。その後も禄高は度重なる加増によって膨らみ、三十七歳のときには川越七万二千石を受領し、城持ち大名となる。

最終的には一七〇四年、吉保は綱吉の後継者に決まった徳川綱豊《つなとよ》（のちの六代将軍家宣《いえのぶ》）に替わって甲府城主となり、二十三万石を頂戴し大老格にまで昇進した。甲府はこれまで徳川氏一族でなければ城主になれなかっただけに、いかに綱吉の寵愛が深かったかこれでうかがえる。

一七〇九年、綱吉が亡くなると、五十二歳になっていた吉保は潔く長男吉里《よしさと》に家督を譲り、江戸・駒込の別荘に隠居する。その別荘とは吉保が七年がかりで完成させた広大な名庭園「六義園《りくぎえん》」である。この「六義園」は今日まで残っているが、当時は今の約三倍の広さがあったという。

ここで四季折々の花鳥風月を愛でる悠々自適の暮らしを五年続けた吉保は、一七一四年十一月、静かに没した。隠居してから一度も政治の表舞台に立つことは無かった。享年五十七。

吉保は川越藩主時代、大規模な新田開拓を現在の所沢市のあたりで成功させており、いくつかの寺も創建している。また、幕閣にあっては学問を奨励し、荻生《おぎゅう》徂徠《そらい》の登用など文治政治を推進した。

――と、こうしてみてくると吉保の生涯に後世、人々のそしりを受けるような悪行は別段見当たらない。それがなぜ、君側の大奸となったのか。

これには政治に対する庶民の不満が大きく関係している。綱吉が治めた元禄時代、悪法と言われた「生類憐れみの令」によって庶民の生活は苦しめられたが、吉保は政治の中枢にいたばかりにその不満の矢面に立たされたのである。

綱吉はかねてより老中中心の政治に不満を抱いており、将軍権力の奪還を狙っていた。その計画の実行部隊長に選ばれたのが吉保である。自分の思い通りになる、いわゆる「側用人政治」を推進する上で、優秀な官僚で忠義心にも篤い吉保はまさに格好の人材だった。

吉保は綱吉の狙いが分かると、主君の命令に唯々《いい》諾々《だくだく》と従った。それが、自分を引き立ててくれた綱吉への忠義と信じて疑わなかったからである。ところが、気が付くと、実行部隊長の自分ばかりが悪者になっていたことに戸惑ったに違いない。

この「生類憐れみの令」についてのちに吉保自身、

「もともとは庶民の仁心を呼び覚ますために出した政令だったにもかかわらず、末端にゆくほど解釈が歪められてしまい、将軍家の御心からはずれてしまった」

と嘆いている。いずれにしろ、庶民はあからさまに将軍綱吉を非難できないだけに、ナンバー2の吉保に非難を集中させたわけである。

さらに、吉保が悪者にされた要因として、周囲の「嫉妬」もあったはずだ。つまり、将軍綱吉の寵愛を一身に受け、異例の出世を遂げたことで反感を買い、いわれの無い悪評を蒙ってしまったのである。その悪評の根源となったのが『三王外紀《さんのうがいき》』という書物で、この中で吉保は天下の佞臣《ねいしん》であると酷評された。

『三王外記』は荻生徂徠の門人だった太宰春台《だざいしゅんだい》が作者とされ、今で言うゴシップ週刊誌の類である。春台がなぜ吉保に対しこのように悪意に満ちたことを書いたのかは不明だが、この本がタネ本となり、虚構が虚構を生んで吉保はますます悪人に仕立てられていった。

『護国女太平記』という実録物（現代のノンフィクション小説）になると、吉保は妻女を綱吉の閨《ねや》に送り込んだことになっており、首尾よく綱吉の胤《たね》を授かる。こうして生まれたのが吉里だという。しかも、この吉里を次期将軍に据えるよう陰謀をめぐらせたことにもなっている。

これが真実なら、まさに天下の佞臣だが、『徳川実記』などに照らせばそうした事実は絶対になかったことが分かる。

後年、『護国女太平記』などがもとになって「柳沢騒動」という外題の芝居まで誕生するに及び、吉保は完全に君側の大奸という悪いイメージが庶民の間に定着してしまった。

また、吉保がこれだけ悪者にされた原因の一つに、新井白石の存在も無視できないという。学者である白石は六代将軍家宣に重用され政治顧問にもなったほどの人物だが、前将軍綱吉の政治を非難し、さらに、綱吉につき従うばかりで何ら失政を正そうとしなかった吉保を「無能」と罵《ののし》ったのである。

白石のこの綱吉・吉保批判は学者とは思えないほど感情的だ。この点について『徳川綱吉と元禄時代』を著した桑田忠親氏は、

「綱吉と吉保を非難するかわりに現将軍を名君として持ち上げ、ひいてはそれに仕える自分自身の評価を高めようとする計算が働いている」

といった意味のことを述べている。

新井白石が言うように失政を正そうとしなかったことについては官僚として失格だが、柳沢吉保は後世言われるような君側の大奸という稀代の悪人でなかったことだけは確かである。

田沼意次の人間像は、賄賂政治だけでは語りきれない

賄賂《わいろ》政治といえば真っ先に「田沼意次《たぬまおきつぐ》」の名があがるほど彼の悪名は高い。意次は徳川十代将軍家治《いえはる》に仕え、側用人《そばようにん》から老中にまで出世し、二十数年間にわたって権勢をふるった。その間を〝田沼時代〟と呼ぶが、後世の評価は低く、賄賂が横行し世の中の道徳観が乱れた時代であったという。そうした混乱を招いた張本人こそ意次だというのである。

意次の後に登場し「寛政の改革」を断行した松平定信《さだのぶ》には対照的に清廉潔白な人物という印象が強い。それに割を食った形で意次の印象が余計に悪くなったようである。しかし、意次は本当に悪徳政治家だったのだろうか。とかく賄賂ばかりが強調される意次だが、調べてみると大胆で進歩的な政策を実施し、幕府財政の再建を図ろうとした有能な政治家であったという側面も見えてきた。

ではなぜ、彼は賄賂政治の権化《ごんげ》という汚名を着せられたまま失脚してしまったの

だろうか。ここは意次の言い分を聞かなくてはなるまい。

まず、意次が手がけた政策をみてみよう。意次が老中となり幕政の実権を握ったのは一七七二年、五十四歳のときである。これをきっかけに意次は自らの政治的才能を開花させ、功利的で重商主義的な政策を次々と打ち出すことになる。

当時、幕府は財政難にあえいでいた。年貢を増やそうにも吉宗の時代に新田開発をやりつくしており、限界があった。そこで意次は商業資本を積極的に利用して財政を立て直そうとした。

株仲間を広く公認して運上金《うんじょうきん》や冥加金《みょうがきん》（いわゆる税金）をとる一方、銅や鉄、真鍮《しんちゅう》などを幕府の専売とし、さらに鎖国令を緩めて長崎貿易を拡大する開放的な対外政策を行った。具体的には、流出の激しかった金・銀の替わりに銅や俵物（干しアワビ・いりこ・フカのひれ）を輸出し、金・銀の輸入を促進したのである。

さらに、意次の政治家としての資質を象徴するのが、先進的な国土開発計画だ。吉宗の時代に中断していた下総国《しもうさのくに》（千葉県北部）の印旛沼《いんばぬま》や手賀沼《てがぬま》の干拓事業を商人資本で再開し、新田開発と運河の開削を目指したのである。

蝦夷地《えぞち》（北海道）の開拓計画も壮大だった。北海道の十分の一を開拓して新田畑をつくるという大規模なもので、開拓後はロシアとの貿易までも計画していた。当時はロシアの脅威が声高に叫ばれていた時代で、意次はロシアと国交を結び貿易を行うことで日本を守ろうとした。このことから、当時としては珍しい外国にも目を向けていた政治家であったことが分かる。

田沼意次という人はけっして汚職にまみれた悪徳政治家などではなく、時代を見極め、斬新で進歩的な経済政策、社会政策を実行した優れた政治家であった。確かに商業を重視したため賄賂をもらうこともあったろう。しかし、そのことばかり取り沙汰されるのは「木を見て森を見ず」の類で、意次という人物を正しく理解したことにならない。

意次が稀代の悪徳政治家というレッテルを貼られてしまった背景には、失脚後、幕政の舵《かじ》をとった政敵・松平定信の存在があった。この定信時代に意次像がゆがめられ、悪く伝えられたのである。事実、田沼時代を語る史料のほとんどが後世に著されたものだ。

意次にしてみれば、相次ぐ自然災害は不運であったに違いない。江戸の大火や浅間山の大噴火に加え、天明の大飢饉も彼の時代に起きている。困窮する一般民衆や下級武士を救済できず、ただでさえ異例の出世を遂げたことで嫉妬の対象であった意次には致命傷となった。

そのうえ一七八六年には、後ろ盾であった将軍家治の死によって松平定信ら反対派勢力が台頭し、意次は志なかばで政権の座を追われることになる。

田沼意次は時代に先駆けて商業の分かる政治家だったといえるだろう。しかし、これは幕府内では異端に属することであった。そもそも江戸幕府は農業色の濃い政権だった。一般的な学問であった朱子学も農業主義で、武士の間には商業に携わることを卑しむ傾向があった。

そのため頭の固い連中の目には、商業中心で幕府財政の立て直しを図る意次が、商人と組んで汚いことをしているとしか映らなかった。なかでも譜代門閥層《ふだいもんばつ》の反発が大きかった。この反発が、のちの意次弾劾《だんがい》へとつながるのである。

また、賄賂についても意次には言い分がある。確かに江戸幕府は汚職がほとんどない政権だった。しかしこれは、それまで商業との関わりが少なかったからに過ぎない。商業政策を推進していけば、賄賂という行為は当然発生してくるものなのだ。たまたま意次が、商人と深く結びついた幕閣の嚆矢《こうし》となっただけのことである。

意次の失脚後、松平定信が老中となり、意次の政策を全面否定して「寛政の改革」を押し進めた。ところが、結果は散々だった。それもそのはずで、定信が行った改革は現実的な貨幣経済に対応しない倹約一辺倒の古い政策でしかなかった。倹約は消費を冷え込ませるだけであった。

結局、定信の改革は田沼時代に備蓄した資産を食い潰す形でわずか七年で終わっている。確かに人格的には田沼意次より松平定信のほうが高潔だったかもしれないが、政治はそれとは別物である。

「清濁併《あわ》せ呑む度量がなければ、良い政治などできない」。それが真意を理解されず不遇な晩年を送った田沼意次の言いたかったことではなかっただろうか。

奸悪な陰謀家との悪評がつきまとう岩倉具視の虚像と実像

幕末から明治維新にかけての動乱期、実に多彩な人材を輩出した。一癖も二癖もある顔ぶれの中で、陰謀家ナンバーワンといえば、岩倉具視《ともみ》であろう。

岩倉の印象が悪いのは、岩倉が孝明天皇暗殺の黒幕と目されているからである。慶応二年十二月二十五日（一八六七年一月三十日）、孝明帝は三十六の若さで崩御《ほうぎょ》した。死因は疱瘡《ほうそう》による病死と発表された。しかし、巷《ちまた》ではその直後から暗殺説がささやかれ、風呂場で刺殺された、いや毒殺だったなどのうわさが飛び交った。

当時、国論は徳川幕府と協調路線を主張する公武合体・佐幕派の「鎖国攘夷」か、討幕・王政復古派の「開国維新」かで二分しており、孝明帝はガチガチの「鎖国攘夷」派だった。帝は徳川十四代将軍家茂《いえもち》や京都守護職の会津藩主松平容保《かたもり》を自身の忠臣として一方ならず信頼していた。「開国維新」を目指す薩長土肥の志士たちにとってそんな孝明帝は何とも目障りな存在だった。そこで、討幕派が孝明帝を毒殺したのではないか、というのだ。

確かに、帝の崩御後、国論は大きく「開国維新」に傾いていく。孝明帝の死によって睦仁《むつひと》親王（明治天皇）が擁立されるが、岩倉や大久保利通《としみち》らの討幕・王政復古派は勢いづき、今日では偽文書とされる「討幕の密勅」を新天皇の名で薩摩と長州に発してもいる。その後、朝廷と幕府が全面対決する事態へと急展開し、翌年十二月には王政復古のクーデターとなって結実する。この王政復古も孝明帝が存命であれば実現しなかったであろうと言われている。

つまり、岩倉と大久保は日本を「開国維新」へと導くために結託し、最大の障害であった孝明帝を暗殺したというのである。

この暗殺説については医学的な検証もすでになされている。昭和五十年代になって孝明帝の主治医だった伊良子《いらこ》光順の日記やメモ類が発見され、曾孫にあたる医師伊良子光孝氏によって毒殺説が発表された。

それによると、帝は確かに最初、疱瘡を患ったが、その後快方に向かった。ところが、何らかの事情で容態が急変し死に至ったという。この容態急変について光孝氏は光順の日記から急性薬物中毒と診断、その薬物とは「砒素《ひそ》」であると推測した。

つまりは毒殺されたというのである。

専門家の診断結果を得て、暗殺説をとる史家たちはいよいよ勢いづき、その黒幕は岩倉単独か、もしくは大久保との結託によるものであると断じた。

しかし、これには岩倉具視にも言い分があるに違いない。代々朝廷の恩顧を受けてきた彼がどうして天皇を暗殺するという暴挙に出ることができようか。いかなる事情、理由があるにせよ、それは公家としての自己否定につながってしまうからだ。岩倉陰謀説は、おそらく岩倉を嫌った者たちから出た虚言であろう。

一見、説得力をもつ毒殺説だが、そうは言っても、病死説をとる史家が多いのは確か。彼らは、この時代、疱瘡に対する充分な医学的知識を欠いており、明らかに疱瘡の悪化による病死であったと主張する。

病死か毒殺か——今後も論争は続きそうだが、いずれにせよ、当時の岩倉がとった行動や決断は彼なりに国の行く末を案じてのことであった。それゆえ、明治十六年七月に五十九歳で没すると、維新後初の国葬の栄誉をもって送られたのである。

岩倉がいかに私欲を捨て、国を憂いていたか。それを示す一つの逸話がある。岩倉は食道癌《がん》で亡くなったのだが、彼は日本で最初に癌告知された患者だった。告知したのはドイツ人医師で当時東京大学医学部で教鞭《きょうべん》を執っていたエルウィン・ベルツである。ベルツが岩倉を診察したとき、すでに末期状態であった。

岩倉はベルツに対し、本当の病状を包み隠さず聞きたいと要求する。なぜなら、伊藤（博文）参議に自分の遺言を伝えたいのだが、伊藤は今、ドイツにいる。伊藤が戻るまでどうしても生かしてほしいと弱々しい息のもと懇願したのである。そしてこうも付け加えた。

「これはけっして自分一身の事がらではないのだ」――と。

ベルツは岩倉の言に感動し、もはや食道癌の末期であり、余命が幾ばくもないことを告げた。ベルツはその後、臨終の場にも立ち会っている。結局、伊藤の帰朝は間に合わなかった。病床で遺言を一語一語あえぎながら口述させる岩倉を見て、「疑いもなく維新日本の最も重要な人物の一人」であり、「鋭くて線の強いその顔立ちにもはっきり現れていた通り、全身ただこれ鉄の意志の人であった」

と、ベルツはのちに記録している。

「自分一身の事がら」を超えて自分のなすべき仕事をしてきた――岩倉が最期に臨んで本当に言いたかったのはその言葉であったかもしれない。

第2章

その「敗因」には裏がある

蝦夷からみた
坂上田村麻呂の東北地方制圧の真相

坂上田村麻呂《さかのうえのたむらまろ》は初代の征夷《せいい》大将軍として知られる。厳密にいえば大伴弟麻呂《おおとものおとまろ》が初代となるのだが、その功績からか、坂上田村麻呂をもって征夷大将軍の嚆矢《こうし》とすることが多い。

田村麻呂の功績、それは言うまでもなく、それまで長く叛乱が続いていた東北地方を制圧し、日本を統一国家とすることに貢献した点だ。

律令国家建設を目指していた朝廷は勢力範囲を拡大するため、しばしば軍隊を東国(今の東北地方)に送り込んでいる。当時は中国の中華思想に倣《なら》い、東国に住む先住民のことを「東夷《とうい》」とみなしていた。東夷とは東に棲む蝦夷(えみし・えびす=中央からみて劣った民族を指す蔑称)であり、これを討ち従えるのが「征夷」であった。つまり征夷大将軍とは本来、東に棲む蝦夷を征伐する軍の総大将を指す言葉なのである。

この蝦夷征伐を成し遂げた田村麻呂は、やがて国家鎮護の英雄として伝説化され、征夷大将軍の称を後世に残すことになる。征夷大将軍職はのちの源平時代に復活し江戸時代まで続くが、「征夷」とは関係なく、武門の長が最高位の官職としてその位を得るようになる。征夷大将軍が武門最高の栄誉とされるのも、伝説の武人・坂上田村麻呂にあやかってのことなのだ。

ところで当時の朝廷は、なぜ東北の蝦夷征伐を執拗《しつよう》に行ったのであろうか。

まず、注目したのが「水陸万頃《ばんけい》の地」と讃えられたその肥沃《ひよく》な土地であり、そこから上がる収穫物は魅力的であった。八世紀に入ると、ときの桓武天皇は辺境開拓を積極的に推し進め、多賀城（宮城県多賀城市）など軍事的拠点を造営し、次第に北への支配地域を拡大していった。

そして、蝦夷最大の拠点である胆沢《いさわ》（岩手県奥州市）を攻略するため朝廷は遠征軍を派遣するのだが、思わぬ反撃をくらい、以後、三次にわたる大遠征軍の派遣を余儀なくされる。

第一次の遠征軍は七八九年、征東将軍紀古佐美《きのこさみ》率いる五万二千八百余人の軍であった。対する蝦夷軍はわずか千数百人。しかし、族長アテルイ（阿弖流為）を中心にまとまりがあり、神出鬼没の戦術で朝廷軍を一蹴してしまう。このときの北上川流域で展開された「巣伏《すぶせ》の合戦」での朝廷軍の大敗は京の権力者たちを大いに震え上がらせた。

その五年後、第二次胆沢遠征では朝廷軍は十万の兵力を投入した。しかし、大軍をもってしても胆沢を攻略することはかなわなかった。蝦夷の抵抗がいかに頑強であったか推察されよう。この遠征では田村麻呂も副将軍として参戦している。

八〇一年、第三次遠征は田村麻呂が征夷大将軍となった。三度目の正直ではないが、朝廷軍は四万の兵で攻め入り、見事に平定する。田村麻呂は新たな拠点となる胆沢城を築き、蝦夷軍の中心的人物であるアテルイを降伏させたことで、蝦夷征伐はここにほぼ終結した。

これにより田村麻呂の名声は高まり、英雄として後世にその名を轟かすことになる。ところが、実際に戦場で田村麻呂がどのような活躍をしたのかというと、記録がないためほとんど分かっていない。長い征夷の歴史のなかで、たまたまアンカーとして登場したことが、田村麻呂に征夷大将軍――英雄としての名声と評価を与えることになったともいえる。

さて、『続日本紀《しょくにほんぎ》』をはじめ中央の記録ではしばしば「蝦夷の叛乱」が取り上げられ、そのつど大軍が東北地方に派遣され、制圧につとめたことが記されている。しかし、これはあくまで朝廷側の見方であって、蝦夷の側からすれば「叛乱」の意識などあろうはずがない。もともと東北地方は彼らの土地であり、彼らからすれば蝦夷征伐は大和朝廷による「侵略戦争」にほかならないのである。

また、蝦夷は「農耕を知らず、狩猟・漁労を生業とする野蛮で未開な異民族」であることを朝廷側はことさら強調するが、最近の考古学研究によれば七世紀には北上川流域などで稲作が行われていたことが分かっており、それほど野蛮でも未開でもなかった。

なんといっても東北地方には豊かな自然があり、多くの獣や魚にも恵まれ、稲作などしなくても充分生きていけたのである。そんな平和で豊かな生活を強引に奪おうとしたのが朝廷の遠征軍だったわけで、蝦夷が必死に反抗するのはむしろ当然であったろう。

ところで、降伏したアテルイは京に連行されるが、当初は捕虜としてではなかったようだ。田村麻呂は朝廷とかけあい、彼に官位を与え蝦夷支配の長に任じてもらう考えだった。そうした和睦による終戦であったればこそ、あれほど頑強であった蝦夷の抵抗がすんなり収まったのである。

しかし、田村麻呂の意見は容《い》れられず、都の公卿たちは「野性獣心、反覆定まりなし」との理由をつけ、アテルイを八〇二年八月、河内国椙山《すぎやま》（大阪府枚方《ひらかた》市）において斬殺してしまう。

いわば、アテルイはだまし討ちにあったわけだ。このとき田村麻呂の心は痛まなかっただろうか……。このアテルイを失った蝦夷は以後しばらくは立ち直ることができず、朝廷の東北支配は一気に加速することになった。

桶狭間の戦いで織田信長に敗れた〝愚将〟今川義元の弁明

日本の合戦史上、一方の大将が戦場で首を取られるという例は極めて稀《まれ》だ。織田《おだ》信長《のぶなが》が今川義元《いまがわよしもと》を急襲した桶狭間の戦いはその数少ない例の一つである。信長はこの奇襲戦に勝利したことで一田舎大名からの脱皮を図り、一躍天下取りレースに名乗りを上げることとなる。

一方、敗れた側の今川義元。あまりにあっけなく敗死したため、後世「愚将」のレッテルを貼られ、信長の引き立て役に甘んじることになった。ところが、残された史料を調査すると、そこから浮かび上がってくる義元の人物像は内政・外交共に優れた手腕を発揮した「名将」であったことがうかがえる。

それなのに、なぜこれほど低い評価を受けることになったのか。四百年の時空をさかのぼり、義元の言い分に耳を傾けてみよう。

今川義元は、永正十六年（一五一九）、現在の静岡県の大部分を支配下におく今川氏親《うじちか》の五男（三男説もあり）として誕生した。氏親は戦国家法「今川仮名《かな》目録」を制定したことでも知られる名君で、当時、法律を文章で発布することができるほど領国を固めていた大名は稀であった。

義元は五男ということで幼時に出家させられたが、一五二六年、父氏親が他界してしまったことで運命が変転した。長兄氏輝《うじてる》が家督を継いだものの、その氏輝が急死してしまい、嗣子《しし》が無かったことから、義元は庶兄恵探《しょけいえたん》（法名）と家督を争うことになり、これに勝利する。義元十八歳のときである。

今川家を継いだ義元がまず行ったことは、周辺大名との同盟関係の見直しであった。義元は氏親時代から続く武田氏との対立関係を解消し、武田信虎《のぶとら》（信玄の父）の娘を娶《めと》る。これに怒ったのが北条氏だ。今川と北条は元々血縁関係があり太い絆が保たれていたからだ。

北条氏は駿河に二度にわたって侵攻する。しかし、義元はこれを見事に撃退している。また、その間、織田氏を破り、三河攻略にも成功する。かくして義元は駿河、遠江、三河の三国を領土とする石高百万石の大大名となった。動員兵力は二万五千を数え、東海道一どころか当時は日本一の威勢を誇ったのである。

内政では、「今川仮名目録」を大幅に追加した。田地の売買、家臣の関係、軍規などに関する、いわば行政改革だ。民生面でも、信長よりいち早く楽市楽座《らくいちらくざ》を実行し、検地《けんち》も行っている。

このように義元という大名は戦に強いたんなる猪武者ではなく、政治家としても秀でていた。そうでなければ、隣国の有力大名である武田氏や北条氏を牽制《けんせい》しながら大国の屋台骨を支えることなど到底無理な話である。

義元はまた歌道《かどう》にも明るい教養人で、家来や領民からもよく慕われたという。それを裏付けるこんな逸話《いつわ》が残っている。

桶狭間の戦いの際、義元はあえなく首を取られたが、今川軍の先鋒隊は義元の討ち死にを知ってもなお織田勢と戦い、二百の兵が戦死するほどだった。なかには主人（義元）の屍《しかばね》を返せと必死で敵にせがむ者もいた。よほど、普段から家来に慕われていた証拠であろう、と『名将言行録』は伝えている。

不思議なのはそんな文武両道、下情《かじょう》にも通じた花も実もある武将が桶狭間においてなぜあれほどあっけなく敗死したかという点だ。

これについては推測の域を出ないが、義元の運が悪かったとでも言うしかない。

この桶狭間の戦いでは、義元が京都に上って天下に号令しようとしたという「上洛《じょうらく》説」が一般に言われてきたが、どうやらそれは誤りだ。

その根拠として、上洛説を裏付ける記録がどこにも存在しないこと、天下に号令する気があるなら周辺の大名に当然根回しをしておくべきはずなのにその動きも一切見られないこと、などがあげられる。今川軍が西進した真相は、織田氏との境界争いに決着をつけるためだったという。

いずれにしろ義元とすれば、二万五千の大軍が押し寄せてきた、と聞いただけで敵（信長）は震え上がり、一も二もなく降参してくるだろうと読んだのである。当時の両家の力関係からすれば百人が百人、そう考えたはずである。

ところが、相手は義元のように足場を一歩一歩固めてから目標を果たそうとする常識人とは埒外《らちがい》の処に住む天才児だった。二千にも満たない小勢で自分に刃向かってくるとは、義元は夢にも思っていなかったはずだ。その油断によって義元は敗れたのである。

しかし、義元の人となりを考えると敗死したことについては、

「勝敗は兵家の常である」

と潔く負けを認めたのではないかという気がしてくる。

そんな義元が後世「愚将」の烙印《らくいん》を押されてしまったのは確かに桶狭間における劇的な敗北が影響しているからだが、もうひとつ、徳川家康の存在を無視できないという。家康は多感な少年期から青年期にかけて今川家で人質として忍従《にんじゅう》の生活を余儀なくされている。そうした暗い過去があるため、義元が亡くなってから家康の家来たちがご主人の機嫌をとるため、ことさら義元のことを悪く言いふらしたのだという。

桶狭間における敗北という、たった一度の油断を取り上げ全人格を語ることは早計にすぎる。義元こそは再評価に値する戦国大名の一人である。

武田勝頼が負け戦「長篠の戦い」に突き進まざるをえなかったやまれぬ理由

偉大な創業者の跡を受け、二代目、三代目が凡庸《ぼんよう》で家を傾けるという例は古今、枚挙《まいきょ》にいとまがない。後継者が十人並かそれ以上の能力を持っていたとしても世間から正しく評価されることは稀だ。その典型が戦国時代にもあった。武田信玄《しんげん》の子・勝頼《かつより》の場合である。

上杉謙信《けんしん》との川中島《かわなかじま》合戦で知られる信玄は、その全盛期においては戦国最強の軍団を持ち、天下統一に最も近いところにいた。そんな巨大なカリスマの跡を継いだのが、勝頼である。武田家を相続してからの勝頼の足跡をたどると、後世言われるような凡将でなかったことが分かる。それどころか、名将と言っても差し支えないほどだ。一体、勝頼はなぜこれほど不当に貶《おとし》められることになったのだろうか。

武田四郎勝頼は天文十五年（一五四六）、信玄の四男として生をうけた。勝頼以外の男子には名前に「信」の字が付いているが、勝頼だけは例外であった。これは当初、勝頼に武田一門を名乗らせる予定がなかったからである。

勝頼の母は諏訪頼重《すわよりしげ》の娘で、信玄はこの諏訪家を勝頼に継がせようとした。諏訪氏は南信濃の豪族で信玄によって滅ぼされた一族だ。信玄は信濃の豪族を懐柔《かいじゅう》するためこの諏訪氏を再興しようとしたのである。勝頼十七歳の折、正式に諏訪の名跡を継ぎ、「諏訪四郎」を名乗っている。

その五年後、勝頼に一大転機が訪れる。信玄の嫡男《ちゃくなん》であった義信《よしのぶ》が謀叛の疑いをかけられ、自害して果てたのだ。そこで信玄は勝頼を呼び寄せ、家督を譲ろうとした。しかし、その際、重臣の間から「たとえお屋形様（信玄のこと）の血筋とはいえ、かつて敵だった家を継いだ人を主と仰ぐことはできない」といった反発の声が上がったため、信玄は仕方なく勝頼の子――信玄にとって孫にあたる信勝《のぶかつ》を正式な後継者に指名し、勝頼を信勝が元服するまでの後見、つまり当主代理と定めた。

この時点で重臣たちの声を強引に押さえ込んで勝頼に家督を譲ってしまえば武田の家が分裂しかねない。ここは重臣たちに一歩譲って、勝頼の人柄や実力が認められたところで正式に後継者とすればよい、とでも信玄は考えたのであろう。

ところが、気長にそうした雪解けを待てるほど信玄自身、余命は長くなかった。

一五七三年、勝頼二十八歳のとき、信玄が没した。これを境に、それまで信玄を神のように仰いでいた重臣たちと勝頼の間で確執が表面化することとなった。

勝頼は自分の存在をこころよく思わぬ重臣たちを黙らせるには亡父以上の働きを見せる必要があると考えた。それも地味な内政よりも合戦によって華々しい勝利を収め、自分を国の内外に強く印象づけることが手っ取り早いと判断したのである。

翌年、勝頼は軍を率いて美濃や遠江に侵攻する。この遠征では信玄も攻略できなかった徳川家康領の堅城・高天神城を奪取し、さらに東美濃攻めにおいては織田領の支城を十八も落とすほど破竹《はちく》の快進撃をみせつけた。今回の遠征によって、信長と家康に「武田の新当主は侮《あなど》れない」という印象を植え付けさせたのである。

ところが、肝心の武田の重臣たちはそんな勝頼を冷ややかに見ていた。内政にも外征にも慎重過ぎるほど慎重だった先代信玄と比べ、勝頼のやりようはまるで油紙でできた鎧《よろい》を身につけ火中に飛び込むような危なっかしいものに映ったのである。

そうした重臣たちの非難の視線が自分に向けられていることを感じ取った勝頼は天正三年（一五七五）四月、再度軍事行動に打って出る。これに対し、重臣たちはますます勝頼に反発心を募らせ、両者の間の溝は深まる一方となる。

この年の遠征では、武田家の命運を左右する合戦が繰り広げられた。織田・徳川連合軍とぶつかった「長篠《ながしの》の戦い」である。

合戦の直前、敵の兵力が味方に倍する大軍であることに加え、大量の鉄砲を用意し馬防柵を張り巡らせるなど敵の迎撃態勢が万全であることを見て取った重臣たちは勝頼に対し、一時軍を撤収《てっしゅう》するよう進言している。しかし、前年の遠征の大勝利があっただけに、勝頼は聞かなかった。

結果的に、武田軍は壊滅的な敗北を喫する。この合戦で「武田四名臣」と称されたうちの三人（山県昌景《やまがたまさかげ》、馬場信春《ばばのぶはる》、内藤昌豊《ないとうまさとよ》）までも失ってしまった。彼らはいずれ劣らぬ歴戦の猛者だったが、無謀な突撃を繰り返し、矢弾を浴びた。それは、自らの死をもって主君に反省を促すという「諫死《かんし》」であったのかもしれない。

このときの敗北によって、勝頼と重臣たちの対立は決定的となった。重臣の中には「主君と言っても所詮は代理。そんな主君に命は預けられない」と、合戦の最中に勝手に戦線離脱し帰国してしまった一隊もあったほどである。

ところが、勝頼自身はこの大敗にもけっして折れることはなかった。一般的には長篠の戦い後、すぐに武田家が滅びたような印象だが、実際は七年間持ちこたえた。

った。

このことは、いかに武田軍団がしっかりしていたとはいえ、勝頼の頑張りに負うところが大である。重臣たちの心が勝頼から離れつつあるなかで、しかも織田と徳川という強大な敵の攻勢をかわしながら勝頼はその七年間を必死に耐えたのである。凡将では絶対にこうはいかなかったはずだ。

天正十年三月、勝頼は甲斐・天目山《てんもく》において織田軍に攻められ、自害する。重臣、木曾義昌《きそよしまさ》や一門衆の穴山信君《あなやまのぶきみ》の寝返りに遭ったことが直接の敗因だった。享年三十七。後世よく言われるように信玄という偉大な父親を持ったことが勝頼の悲劇だった。勝頼は自分という存在を国の内外に認めさせるために停滞は一刻も許されないと考えたのである。

あの長篠の戦いにしても、重臣たちの進言を受け入れ直前に撤退していたなら、それはそれで帰国してから「臆病なる二代目さまよ」と嘲《あざけ》られたことは目に見えている。前に突き進むしか、勝頼には選択の余地はなかったのだ。

勝頼の目に映る真の敵は、信長でも家康でもなく、父信玄その人だったのである。

石田三成、負けるはずがない関ケ原の戦いの誤算

今川義元、武田勝頼、石田三成……。この三人の武将の共通点は「戦国時代の敗軍の将」であるということだ。さらに付け加えるなら、三人とも紛れもなく戦国期を代表する名将だった。ところが、それぞれあまりにも劇的な敗北（桶狭間の戦い、長篠の戦い、関ケ原の戦い）を喫したため、その一戦をもって「愚将」の烙印を押されてしまったのである。

ここでは石田三成という武将について考えてみたい。ご存じ、徳川家康と天下分け目の関ケ原の戦いを繰り広げた西軍の大将である（名目上の総大将は毛利輝元）。三成に対する後世の評価は「勝ち目のない戦を仕掛けた無謀なる将」といったところがその代表的なものだろう。

はたして本当に勝ち目はなかったのか。怜悧《れいり》な官僚タイプの三成がそんな無謀な合戦に臨むとはとても思えない。ここは先入観を捨て、関ケ原の戦いを決意するに

至った三成の言い分を聞く必要があるようだ。

石田三成は永禄三年三月（一五六〇）、近江国坂田郡石田村（現長浜市石田町）で浪人の子として生まれた。幼くして寺に入り、そこで少年期を過ごした。十代半ばになって、長浜城主だった羽柴（豊臣）秀吉に見出され、以来、秀吉の薫陶《くんとう》を受け、幹部候補生として成長していく。

秀吉は三成の一を聞いて十を知る才智を愛《め》でた。本能寺の変後、まさに日の出の勢いで栄達を続ける主君に引き立てられ、三成自身も出世の階段を着実に上っていった。

二十六歳で従五位下治部少輔《じぶしょうゆう》になると、以後、いわゆる太閤検地をはじめとする全国統一事業の中心にあって優れた行政手腕を発揮した。

軍事面では九州征伐、小田原の役にも参加。ついで文禄・慶長の朝鮮の役では渡海して軍需品の輸送や占領政策を担当した。加藤清正《きよまさ》や福島正則《まさのり》らに比べ三成の印象が薄いのは、三成が単なる槍一筋の猪武者でなかったからにほかならない。

秀吉が柴田勝家と覇権を懸けて争った賤ケ岳《しずがたけ》の戦いを例に出して説明しよう。後世「賤ケ岳の七本槍」で知られる合戦だが、この合戦における七本槍の加藤清正や福島正則らの貢献度など三成のそれと比較すれば微々たるものと言わざるを得ない。三成はこの合戦で少なくとも三つの大きな手柄を立てている。

一つ目は兵站《へいたん》奉行としての活躍だ。この合戦では美濃の大垣から近江の木之本まで約五十キロの道程を秀吉軍はわずか五時間で駆け抜けた。その迅速さが勝敗を分けたのである。三成が街道沿いの村々に命じて松明《たいまつ》と握り飯を用意させていなければ、こうも素早く移動することは不可能だった。

二つ目は諜報活動だ。三成は敵の目を欺くため本物の僧侶を透破《すっぱ》（忍者）に仕立て、逐一、勝家軍の動きを探らせていた。こうして得た情報によって最善の作戦を立案できたのである。

三つ目の敵の勢力を分断させた功も見逃せない。戦が始まる前に三成は越後の上杉景勝《かげかつ》と交渉し「越前の勝家軍が近江に押し出したときは背後をついてもらい、秀吉軍と挟み撃ちにしましょう」と申し出て、応諾の返事をもらっていたのだ。そのため勝家はかなりの兵力を上杉軍の牽制《けんせい》のために割かねばならず、秀吉軍との一戦に全勢力を注げなかったのである。

このように手柄としては派手さに欠けるため、軍事における三成の評価は低いが、実際は敵に致命的な打撃を与える活躍をしていたことがよく分かる。しかし、その活躍も主君の秀吉などほんの一握りにしか正しく評価されていなかった。残りの大多数、特に賤ケ岳の七本槍と呼ばれるような武断派からは「小賢《こざか》しいやつ」と目の敵《かたき》にされたようである。

一五九八年、そんな三成の最大の理解者であった秀吉が亡くなった。跡継ぎの秀頼はまだ六歳の幼児である。秀吉がいなくなったことで、三成には家康の動きが最も心配だった。家康が次の天下人の座をうかがっていることは誰の目にも明らかだったからだ。

家康はこの日のためにかなり以前から布石を打っていた。たとえば有力大名（伊達政宗、小早川秀秋、加藤清正、福島正則、細川忠興、黒田長政ら）が秀吉から不興をこうむった際、すべて家康が間に入って仲をとりもってきた。秀吉がこれほど早く死ぬとは家康も予想していなかっただろうが、この布石が結果的に役立つときがきたのである。

家康は手紙を使って諸大名を抱き込むことにも熱心だった。むろん、その内容は「自分に味方すればあとで恩賞を約束しよう」というものだった。この関ケ原の戦いでは家康は直前まで諸大名に手紙を書いており、確認されているだけで百六十通にものぼる。

一方、三成は大坂城下などにいる諸大名の家族を集め人質として大坂城に収監したくらいで、大した工作は行っていない。言ってみれば、これが三成の誤算だった。人の良い三成は、故太閤殿下に恩顧をこうむっていた大名なら、いやしくも秀頼様を見捨てるような真似をするはずがない、と確信していたふしがある。

その点、家康は、人は過去に受けた恩義よりもこれから受けるであろう恩義によりありがたみを感じるもの。恩賞さえ約束すれば豊臣家恩顧の大名であろうと自分に寝返ってくるはず、と冷静に読んでいた。このへんが、秀吉の翼の下で純粋培養された秀才・三成と、幼児期から人質生活を経験するなど人生の辛酸《しんさん》をなめつくした苦労人・家康との差だった。

そうは言っても、関ケ原に集結した両軍の兵力はほぼ八万ずつで拮抗《きっこう》していた。二百七十万石の家康に対し、たかだか三十万石の三成にしてはよくぞ集めたほうである。

しかも、三成の西軍は関ケ原を取り囲む山々にいち早く布陣しており、陣形の上で圧倒的に有利だった。通説では、三成は野戦ベタといわれるが、この関ケ原の布陣を見る限り、家康の東軍を凌駕《りょうが》していた。

これらのことから、兵力の面でも戦術の面でも、さらにまた、こちらには故太閤殿下が後継者と定めた秀頼様を擁しているという大義名分があっただけに、三成には家康に負ける気はさらさらなかったはずだ。けっして一か八かの無謀な戦いに臨んだわけではなく、勝算は充分にあったのだ。

ところが、いざ合戦が始まると、三成は自分が大きな誤算を犯したことに嫌でも気付かされる。それが、小早川秀秋の寝返りだ。秀秋の造反によってパワーバランスが崩れ、一気に寝返りの雪崩《なだれ》現象を招いてしまったのである。それまでの戦況は西軍が押し気味だっただけに、三成には悔やんでも悔やみきれない秀秋の寝返りだった。

しかし、そういう寝返りをするような男を味方に引き入れたのは、やはり三成の失敗だ。小早川秀秋は出身が秀吉一族だけに、寝返るとは夢にも思っていなかったのだろう。そこに、石田三成の油断があった。

無謀なクーデターを決行した由井正雪が夢見た新しい世界

慶安四年（一六五一）四月二十日、この日、名君とうたわれた徳川三代将軍家光が四十八歳で病死。その三カ月後、日本全土を巻き込む一大クーデター計画が発覚する。江戸で軍学者として名高い由井（由比とも）正雪を首謀者とする幕府転覆計画がそれだ。のちに「由井正雪の乱」、または「慶安の変」と呼ばれた大事件である。

その計画とはざっと次のようなものだった。

正雪はまず、自らの門人を江戸、上方（大坂・京都）、駿府（現静岡市）の三カ所に配置。自身は、一隊を率いて家康の霊が眠る駿府の久能山《くのうざん》を襲って家康の遺金を奪取する。一方、門人の中で片腕とも頼む丸橋忠弥《ちゅうや》は幕府の煙硝蔵を焼き払うとともに江戸市中の各所に火を放ち、その混乱に乗じて江戸城に突入し四代将軍家綱の身柄を確保、そのまま正雪のいる久能山に急行する。ほぼ同時に門人の金井半兵衛、加藤市右衛門らが京・大坂で騒乱を起こす手筈だった。正雪はその決行日を慶安四年七月二十九日と定めていた。

まさに、古今未曾有《みぞう》の大規模なクーデター計画であった。もしも正雪の描いた青写真通り事が運んでいれば、江戸幕府は間違いなく転覆していたはずである。ところが、味方の中から密告者が出て、計画はすんでのところで露顕してしまう。首謀者である正雪は駿府で捕り方に包囲され、自刃。丸橋忠弥ら計画に加担した門人も悉《ことごと》く捕縛され、極刑を受ける。こうして、正雪の幕府転覆計画はあえなく頓挫《とんざ》したのである。

この幕府転覆計画によって正雪は、天下を騒がせた謀叛人《むほんにん》として人々の誹《そし》りを受けることとなる。また、計画があまりに壮大であったため、「天下の山師」、あるいは「大法螺《おおぼら》吹き」とも呼ばれた。こうしたマイナスイメージを反映し、後年、芝居や映画に登場する正雪もはなはだイメージがよろしくない。

怜悧《れいり》で野心家、人を人とも思わぬ傲岸不遜《ごうがんふそん》な態度——という役柄がパターン化している。これは、正雪自身が創案したとされる独特の髪形（総髪）から受ける一種異様な風体も多分に影響しているに違いない。

それはともかく、正雪にはなぜマイナスのイメージが強いのだろうか。一般には、当時、巷《ちまた》にあふれていた禄を失った浪人の困窮を救うため決起したとされている。見方を変えれば、世直しのヒーローである。しかし、同様に世直しを掲げて騒乱を起こした大塩平八郎には山師のイメージはない。この差は一体なんだろう。正雪の足跡をたどりながらそのあたりを検証してみたい。

正雪は亡くなったとき、四十七歳だったとする記録があり、それを信じると一六〇五年の生まれとなる。出身は駿河（静岡県）の由比とする説が有力だ。生家は紺屋だったという。十七歳ごろに江戸に出て、楠木正成の後裔《こうえい》と称する軍学者・楠不伝の門に入る。

不伝からその才能を愛された正雪はやがて不伝の養子に入ったらしい。不伝の軍学道場を引き継いだ正雪は豊かな学識と巧みな弁舌を駆使し、瞬く間に門弟を増やしていった。門弟たちは正雪のことを中国の兵法家・孫子の再来とあがめた。

戦乱が終息したこの当時、市中には禄を離れた浪人が大勢いた。そうした浪人たちが正雪の主な門人だった。彼らは戦国の世が再来することを密かに願い、来るべき仕官（就職）のために箔《はく》をつけようと考えたのである。最盛期には二千とも三千とも言われる門弟が集まった。正雪自身、旗本や大名家から招かれ、兵書を講義することも多かったという。

この時代、関ケ原合戦から家光が亡くなるまでの五十年間に改易や減封によって生じた浪人の数は四十万、あるいは五十万人とも推計されている。彼らは泰平の世が訪れたことで再仕官もままならず、生活苦にあえいでいた。これに対し、幕府は何ら有効な政策を講じることもなく、浪人たちの不平不満は募る一方だった。

そんななか、徳川一門である三河刈屋（刈谷）城主松平定政が幕府の政治を批判し、突然出家するという事件が起こる。一六五一年七月九日のことで、定政は自らの領地二万石を投げ出して窮民を救おうとしたのである。結果的にこの事件が、正雪の背中を押すこととなった。

同月二十二日、正雪は江戸を発ち、駿府へと向かう。二十五日夕刻、駿府着。正雪一行は茶町の梅屋太郎左衛門方を宿舎とする。決行日の四日前である。実は正雪らのこうした動きは幕府側に逐一監視されていた。正雪の計画は内部からの密告者によって筒抜けだったのである。正雪到着の報に、幕府から指示を受けていた駿府町奉行落合小平次はただちに配下の者を梅屋に急行させた。

正雪は捕り方にすっかり包囲されたことが分かると、覚悟を決めた。書置きをしたため、翌早朝、門人とともに切腹して果てる。のちに正雪の首は安倍川河原に晒されたが、縁者が密かに持ち出し、菩提樹院《ぼだいじゅいん》（現静岡市沓谷《くつのや》）という寺に預けたと伝えられる。

それにしても、正雪はこのクーデター計画をどこまで勝算ありと読んでいたのだろうか。壮大な計画に比して結末のあっけなさを考えると、あまりに無謀無策な計画ではなかったか。例えば「軍資金」。当時、駿府の久能山には家康の遺金なるものはほとんどなかったという。

軍事行動を起こすのに、いの一番に必要なのは軍資金だが、正雪は久能山に二百万両もの家康の遺金が眠っているという根拠に乏しい噂を鵜呑みにしてしまった。事前にその真偽を確かめてもよさそうだが、それさえしていない。しかも、籠城するのに久能山を選んだことにも疑問が残る。久能山はそこに籠もって天下に号令するのにふさわしい場所とは言い難い。確かに天然の要害ではあるが、戦略上からも政治上からも何の意味も持たないからだ。

結末のお粗末さから考えて、正雪はただ担がれただけと唱える史家もいる。いわく、正雪という人物は誇大妄想癖はあるものの、おだてられたら嫌と言えない気のいい男だった、というのだ。丸橋忠弥ら門人たちから「孫子の再来」とまつりあげられたことで有頂天になり、何かの折に門人の前で幕府転覆計画という途方も無い話をつい口に出してしまう。

正雪にとってはほんの座興のつもりだったが、丸橋ら浪人たちは幕府への不平不満が鬱積していただけに、迷わずその話にくいついた。そして、話は門人たちの熱気にあおられる形でどんどん現実味を帯びていった。

つまり、正雪は気がつけば自分一人が神輿《みこし》に担がれ、降りるに降りられなくなったというのがこのたびの幕府転覆計画ではなかったか。そうとでも考えなければ、あれほど無謀無策な計画を実行に移した正雪の気持ちが理解できない——というのである。一理あるようだが、真相はいかに。

いずれにしろ、この由井正雪の乱がきっかけとなり、幕府は政策の転換を余儀なくされた。浪人発生の最大の原因と言われた世継ぎ断絶による改易を避けるため、制法を改定する。以後、浪人の発生が激減し、浪人による騒乱が起こることもなくなった。つまり、由井正雪の乱を境に、幕政の根幹は武断から文治へと転換したのである。正雪の行動はけっして無駄ではなかったのだ。

「朝敵」の汚名を着せられた会津藩主・松平容保のジレンマ

幕末動乱期、天皇が御座する京都の治安維持活動にあたったのは、京都守護職に任命された会津藩主・松平容保《かたもり》であった。

当時の京都市中は尊王攘夷を掲げる西国諸藩の志士が暗躍し、それに便乗した流浪の徒も加わって治安状況は最悪だった。もともと京都には警察活動にあたる役職として所司代と町奉行所があった。しかし、それだけではとても手が回らなくなり、幕府は新たな警察組織を設けることになった。それが京都守護職である。京都守護職は所司代と町奉行所を統括する重い役目を担っていた。

しかし、いざ人選の段になって誰も引き受け手が現れなかった。福井藩主で政事総裁職にあった松平春嶽《しゅんがく》らは奥州の会津藩に白羽の矢を立てるのだが、「薪《まき》を背負って火中に飛び込むに等しい」困難な役目であることは誰の目にも明らかだった。

元来、蒲柳《ほりゅう》の質（体が弱いこと）であった容保は自らの体調が思わしくないことを理由に再三固辞するが、徳川宗家への忠誠を第一とする藩祖・保科正之《ほしなまさゆき》の家訓を楯に説得され、万止むを得ず承諾する。以来、容保は一躍歴史の表舞台に立ち、その荒波に翻弄されていくことになる。

京都守護職に就き「王城の護衛者」となった容保は孝明天皇の親任を得て、京都の治安を守るため懸命に働いた。だが、それゆえ倒幕派の憎悪を一身に受けることになり、孝明帝亡き後、「朝敵」、あるいは「逆賊」の汚名を着せられてしまう。容保は頼みとする徳川宗家の将軍慶喜からも見捨てられ、孤立した会津藩を何とか守り抜こうとするが、結局は官軍によって滅ぼされてしまう。

もともと尊王の志が篤く、孝明帝からも信頼されていた容保が、なぜ朝敵となったのか。そして、藩祖以来、徳川宗家に忠誠を誓ってきた会津藩がなぜその宗家から裏切られるはめに陥ったのか——。

確かに激しく揺れ動いた時代の趨勢《すうせい》を読みきれなかったことは否めないが、容保にも言い分はあったはずだ。それにもかかわらず、容保は明治二十六年、五十九歳で死去するまで維新前後の話をほとんど口にしなかった。一体、なぜ容保は「貝」になったのか。そのあたりの秘密を以下で解いていこう。

京都守護職に就いた当初に限れば、容保は尊攘派の志士に対し同情的でさえあった。志士たちは憂国の念に駆られたものであり、腹を割って話せば互いに理解しあえるとみていた。ところが、急進派たちが足利三代将軍の木像の首を晒《さら》すという暴挙に出ると、容保は一転して態度を硬化。「新選組」を配下において強圧的な取り締まりに乗り出す。

このことがのちに尊攘派の反発を買う要因となるのだが、容保にとっては尊皇の大義を口にしながら木像の首を晒すという急進派の愚行が我慢ならなかった。それまで信じていた志士たちから裏切られた思いがしたに違いない。それだけ、容保という人は頑迷な保守思想の持ち主ではなく、精神を尊ぶ品性の人だったのである。

容保にとって最大の誤算は孝明天皇の崩御であった。帝は実直無類で尊王の志が篤い容保の人柄にたちまち魅了され、二度までも感状を与えている。江戸時代、天皇から一大名がこれほど信頼された例はなかった。その孝明帝が亡くなったことで容保はかけがえの無い後ろ楯を失ってしまったのである。

さらに容保を追いつめたのが、宗家・徳川慶喜の「変節」であった。薩長と幕府軍が戦った鳥羽・伏見の戦いでは、緒戦に敗れると総大将の慶喜は大坂城の幕府軍将校を見捨てて江戸へ逃亡を図ったのだ。容保は訳が分からないままこの逃避行に同行している。

江戸城に戻った慶喜は「朝敵」とされたことに落胆し、恭順を決める。そして、容保に対し登城禁止を通達する。長州の恨みを買っている容保を遠ざけることで、自らの恭順が偽りでないことを官軍側にアピールする腹だった。こうして慶喜にも見捨てられ、容保は失意のうちに会津へと帰っていく。

やがて薩長を中心とした新政府軍は東海道に兵を進めた。江戸城への総攻撃に取り掛かるためである。しかし、これは西郷隆盛と勝海舟の会談によってすんでのところで回避され、江戸市中は戦火を免れる。ところが、これによって収まりがつかなくなったのが新政府軍である。

「江戸を焦土と化し、慶喜の首を取れ」を合言葉に意気揚々と東上してきた新政府軍だったが、戦争が回避されたことで振り上げた拳の落とし所を失ってしまう。これでは何のために東海道を進軍してきたのか分からない。火照った体に冷水を浴びせかけられたようなもので、体の芯はいよいよ熱く燃え上がった。

新政府軍はその昂《たか》ぶりを鎮めるために新たな獲物を求めた。それが、京都でさんざん痛い目に遭わされた会津藩だった。容保は新政府軍に対し再三恭順を訴えるが、聞き入れられるはずもなかった。こうして、会津藩はしたくもない戦争を無理やり仕掛けられ、結果的に弱腰幕府の生け贄《にえ》となってしまうのである。

会津戦争では、一カ月にわたる鶴ヶ城籠城戦ののち、容保は降伏する。その間、城下では新政府軍によるむごたらしい殺戮《さつりく》があちらこちらで繰り広げられた。容保は戦争終結後、命を助けられ、東京で蟄居《ちっきょ》を命じられる。

その後、蟄居を解かれた容保は明治十三年、日光東照宮宮司《ぐうじ》に任ぜられる。十七年、いったん職を辞したが、二十年に再任される。この宮司時代、徳川慶喜と日光で再会を果たしている。自分を見捨てたかつての主人を迎え、容保の胸の内は複雑だったに違いない。二十六年十二月五日、容保は病で没した。諡《おくりな》は「忠誠霊神」。その前日、正二位に叙せられている。

その後、生前、容保が入浴以外、肌身離さず携帯していた竹筒の中身が遺族によって明らかとなる。竹筒には孝明帝の宸翰《しんかん》（天皇の直筆文章）が入っていた。そこには、長州派の公家を一掃してくれたことに対する感謝と今後も会津を最も頼りにしている旨の言葉が記されていた。両者の絆《きずな》の太さを雄弁に物語る証拠品である。

宸翰を公表すれば、会津が「朝敵」でなかったというなによりの証《あかし》となるはずなのだが、容保はそうはしなかった。真相は分からないが、薩長出身者が牛耳るこの時代になにをどうしようと黙殺されることは目に見えていると諦めていたからに違いない。

そうかといって、宸翰を最期まで廃棄しなかったのは、会津戦争において犠牲となった家臣や領民のことが頭にあったからだろう。終戦後、容保はそのことに対し深い悔恨の情を抱いていたという。容保にすれば、彼らが朝敵として死んだわけではなかったということをこの宸翰によっていずれ証明してほしいと願い、廃棄せずに持ち続けたのであろう。

昭和三年九月、容保には孫娘に当たる松平勢津子《せつこ》が秩父宮妃殿下として皇室に入った。維新以来、朝敵とされた容保の無念の思いが晴れた瞬間だった。

鳥羽・伏見の戦いで〝敵前逃亡〟を決断した徳川慶喜の本意

慶応三年（一八六七）十月、徳川十五代将軍慶喜《よしのぶ》は大政奉還をおこなった。翌年正月には一万五千の兵力で新政府軍と鳥羽・伏見で戦うが、三倍以上の兵力をもちながら敗走する。その直後、慶喜は少数の側近だけを従え大坂城を脱出、幕府軍艦開陽丸で江戸に帰ってしまった。大坂城内に部下を置き去りにしたこの退却劇は総指揮官の敵前逃亡となじられても仕方がないものだった。

江戸に戻って1カ月後、慶喜は江戸城を出て上野寛永寺に移り、恭順謹慎《きょうじゅんきんしん》の態度をとった。そしてそれ以後、七十七歳で没するまで半世紀あまりも口を貝のように閉ざし、敵前逃亡の真相を人に語ることはなかった。

慶喜が江戸に戻った時点でも旧幕府側に勝機がないわけではなかった。たしかに新政府軍は東海道を進みながら強大化してはいたが、江戸か、あるいは江戸の西で新政府軍を迎撃していれば旧幕軍にも勝ち目はあった。

わけても旧幕軍は唯一海軍を保有しており、充分対抗できる戦力だったのである。もし慶喜が号令を発すれば、旧幕軍や諸藩はその旗の下に集まったであろう。しかし、慶喜はそうはしなかった。

慶喜の謹慎中、四月十一日には江戸城が無血開城、江戸の街は戦火から免れた。慶喜は即座に江戸を離れ、故郷の水戸に向かう。そこでも彼は謹慎の態度を崩さなかった。のちに水戸から静岡に移るが、その姿勢は変わらず、「貝」に徹した。一体、それはなぜなのか。

実は慶喜は早い段階から、日本の分裂をねらう外国勢力の存在に気づいていた。慶喜が大坂から江戸に戻ったとき、フランス公使・ロッシュが訪ねてきて「わが国が軍事的にも経済的にも協力するから、薩長をやっつけろ」とけしかけるが、慶喜はこれを拒絶している。

それ以前にも、将軍職に就いてからの慶喜は数多くの外国要人と会い、交渉にあたった経験から、甘言を弄《ろう》し、虎視眈々《こしたんたん》と漁夫の利を狙うのが列強の常套《じょうとう》手段であることに気づいていた。

そこから、慶喜にすれば幕府や薩長といった問題よりも、朝廷を中心とした日本の存立が大事であり、日本人同士が争う愚かな行為はできるだけ避けたかったのだという見方もできる。それでなくても幕府側には西郷（隆盛《たかもり》）や大久保（利通《としみち》）のような人材はいない。たとえ最初に勝っても、勝ち続けることは難しい。最後には負けて逆賊となる公算が大である。それだけは我慢ならなかったのだろう。

鳥羽・伏見の戦いでは戦いの前夜、大坂城内の旧幕軍は興奮で無秩序状態に陥っていた。そんな状態で兵を動かしても敗北は目に見えている。そこで、慶喜にはその場を一刻も早く立ち去るしか手はなかったのだ。

あくまで抵抗せず、朝廷の処置をあおぐという姿勢は慶喜が大坂から逃げるときにもはっきり表れている。側近である京都守護職の松平容保《かたもり》と京都所司代の松平定敬《さだあき》という、会津藩主と桑名藩主の二人を一緒に連れ帰ってしまうのだ。後年、松平容保はこのときの様子を「庭でも散歩するのかと気軽について行くと城の門をどんどん出てしまった」と言っている。

会津と桑名、特に会津藩は約二千人の兵士が京都に駐在しており、京都治安の最も強力な軍事力であった。慶喜はその指揮官をさらってしまったのである。これは徹底抗戦を避け、大坂における抵抗の芽を摘んでしまう狙いだったのだろう。

慶喜がそう考えるに至った背景には「朝廷に対して弓引くことあるべくもあらず」という、幼児期に叩き込まれた水戸学（皇国史観）の教えがあったとする説がある。公家や薩長の画策と分かっていても、勅命であれば抵抗はしない。勅命に抗《あらが》えばこれまでの歴史が示しているようにわが国は乱れる——そう考えた慶喜はあえて敵前逃亡を選択し、その後も謹慎を貫いたのだという。

慶喜はけっして政治を投げ出したわけではなかった。あくまでも混乱を避け、近代的な統一国家を樹立するため朝廷に一本化し、自分もまた新しい時代のために働こうとしていたのである。

静岡時代、慶喜は敵前逃亡にふれて子息に「あの時は、ああするよりほかなかった。やっぱりあれが一番よかったんだ」と言ったという。のちに慶喜は明治政府から公爵位と一等旭日大綬章を授かるが、明治政府も慶喜の行動を再評価したからにほかならない。

第3章 その「大事件」には裏がある

織田信長からみた「比叡山焼き討ち」の真実

日本史上、織田信長ほど宗教を弾圧した為政者もいなかったと言われる。その代表的な事件として、比叡《ひえい》山の焼き討ち、高野山攻め、一向宗本願寺派との対立などがあげられる。

とりわけ、元亀二年（一五七一）九月に起きた、天台宗の総本山・比叡山延暦《えんりゃく》寺《じ》の焼き討ちは大小の堂塔を悉《ことごと》く焼き尽くし、僧俗老若男女三千人をなで斬りにするというすさまじいものだった。

この焼き討ちを境に、信長は神仏をも畏《おそ》れぬ「魔王」となった。なぜ信長はこともあろうに日本仏教界の聖地を蹂躙《じゅうりん》するという暴挙に出たのであろうか。焼き討ち事件の顚末《てんまつ》をたどりながら、非常手段に踏み切らざるを得なかった信長の言い分に耳を傾けてみたい。

比叡山は京都市の北東にそびえ、京都と滋賀にまたがる山。大比叡岳が主峰で、南北十二キロメートルに及ぶ五峰を総称して比叡山と呼ぶ。延暦寺というのは山頂から東側斜面にかけて点在する三塔十六谷三千坊の総称で、延暦寺という名の建物は存在しない。

開祖は空海（弘法大師）と並び称されるわが国仏教界の巨人、最澄《さいちょう》（伝教大師）である。約千二百年前の西暦七八八年、その最澄がここに草庵《そうあん》を結んだのがそもそもの始まりという。

以来、仏教を学ぶ者たちの最高の修行場として君臨、数多《あまた》の碩学《せきがく》名僧を輩出した。浄土宗の法然《ほうねん》、一向宗の親鸞《しんらん》、臨済宗の栄西《えいさい》、曹洞宗の道元《どうげん》、法華宗の日蓮《にちれん》もここで学んでいる。まさに、日本仏教の母なる聖地——それが延暦寺であった。

延暦寺がこれほど発展した背景には、朝廷との結び付きがあった。桓武《かんむ》天皇が平安京に遷都《せんと》した折、延暦寺が新都の鬼門（北東）にあたるため王城鎮護《ちんご》の大役を担うことになり、厖大《ぼうだい》な寺領を与えられ、そこからあがる経済力によって教団は一気に膨張したのである。

そして、その経済力を維持するためにやがて教団は武力を持つようになる。平安時代、為政者が自分たちに不都合な政治を行ったりすると武装した僧兵は都に押し

出し「強訴《ごうそ》」という形で圧力をかけることもしばしばだった。絶大な権力を握った白河法皇でさえも、

「賀茂川の水、双六《すごろく》の賽《さい》の目、比叡山の山法師の三つだけはどうにもならない」

と嘆いたほどである。

鎌倉時代を過ぎ、室町時代に入っても延暦寺のこうした経済力と軍事力は衰えることを知らず、時々の為政者の来世への不安心につけこみ、富と世俗的権力を蓄えていった。もちろん学業に勤《いそ》しむ僧はいたが、山を下りて琵琶湖畔の坂本あたりで女を囲い、高利貸しなどをしながら贅沢《ぜいたく》三昧に明け暮れる僧も多かった。

奈良・多門院の僧英俊が、焼き討ちが行われる前年、延暦寺を訪れており、そのときの感想を日記にとどめている。延暦寺の堂坊はいずれも荒れ果て、わずかに根本中堂に灯明が二つ三つ点《とも》っているにすぎなかった。英俊は、

「僧衆はおおむね坂本に下って乱行不法無限、修学廃怠《はいたい》の故《ゆえ》、かくの如し」

と慨嘆している。この時点で延暦寺は腐敗と堕落が横行し、仏教学の聖地から遠くかけ離れたものになっていた。——まさに、そんなときに信長は現れたのである。

一五七〇年四月、朝倉義景《よしかげ》討伐のために越前に兵を進めた信長は、突如、それま

で同盟関係にあった近江の浅井長政《ながまさ》に背後をつかれるという危難に直面する。浅井の裏切りの連絡係を果たしたのが、延暦寺の僧徒だった。二カ月後、徳川家康の協力を得た信長は姉川合戦において浅井・朝倉連合軍に勝利する。敗れた浅井・朝倉軍は比叡山に逃げ込んでしまう。

そこで信長は延暦寺に対し、織田軍に味方するよう要求するが、延暦寺側はこれを拒絶する。延暦寺にはそれ以前、美濃の寺領を信長に奪われたという恨みがあり、ここで強い態度に出なければ信長をますます増長させることになると考えたのである。

延暦寺側の対応に怒った信長は山を包囲する。一触即発の空気が支配するが、ここは正親町《おおぎまち》天皇が調停に乗り出し、信長は和睦に応じている。しかし、このとき信長は自らの天下布武《ふぶ》の覇業の前に延暦寺という存在が大きな障害になることを痛感したに違いない。

翌年九月、織田軍（一説に三万とも）は浅井長政の小谷城を攻めると見せかけておいて、比叡山を急襲する。まず、坂本の町を焼き払い、僧徒を山中に追い立てると、堂塔に火をかけながら目に入る人影を――僧俗老若男女にかかわらず――片っ端から斬り殺していった。

延暦寺側にすれば、八百年の永きにわたり朝廷も将軍も手を出せない霊山によもや刃向かう者がいようとは夢にも思っていなかったはずだ。浅井・朝倉軍を匿《かくま》って織田軍に包囲されたときも「所詮《しょせん》、脅《おど》しだろう」と甘くみていたふしがある。しかし、相手が悪かった。こうして比叡山はまる四日間にわたって殺戮《さつりく》と破壊の宴が繰り広げられたのである。

さて、この延暦寺焼き討ちをもって、信長は「仏敵」となったわけだが、これを信長による宗教弾圧と言ってよいものだろうか。信長がもしも現代に蘇ったならば、この焼き討ちについて、きっとこう言うはずだ。

軍事作戦上から断行したまでのことである——と。

信長にとって当面の敵である浅井・朝倉氏と内通する延暦寺は軽視できない相手だった。経済力と軍事力をあわせ持ち、朝廷の庇護を笠に政治に容喙《ようかい》し、あまつさえ京都と北国・東海とを結ぶ水陸交通の要を押さえるなど何かと目障りな存在だった。遅かれ早かれ、対決しなければならない宿命にあったのだ。

延暦寺側は信長に対し、ことさら「仏敵」と言い立て、世間の同情を引こうとしたが、これは明らかに的はずれだ。実際は彼らが武器を取って信長に盾突いたがゆえに攻め込まれたのである。宗教だから、仏教だから敵視されたわけではない。これはのちの一向宗徒との対立でも同様である。

信長は無神論者ではあったが、宗教そのものを否定したことはなかった。たとえば伊勢神宮や石清水八幡宮、熱田神宮などに大金を寄進してもいる。浄土宗や禅宗に対しても好意的で、とりわけ自分に従う寺社には寛大だった。後世、宗教の弾圧者だとの評価を受けることは信長自身、きっと心外に違いない。

そもそも、延暦寺の焼き討ちは後世伝えられるような大規模なものでなかったとする説がある。これは、滋賀県教育委員会が近年実施した比叡山の発掘調査に基づいている。

焼き討ちがあったとすれば当然あるはずの焦土層が発見されないこと、さらに出土品は平安期の物ばかりで戦国期の物と思われる人骨や焼け残り品がまったく見つからないことなどからそれが言えるという。ゆえに、記録にあるように全山猛火に包まれ、三千人が虐殺されたとする説が怪しくなってくるのだ。

今日残る焼き討ちの模様を伝える記録はすべて「伝聞」によるものであって、史料としての信頼性に欠けることを忘れてはならない。これはおそらく、「山上の堂塔を焼き尽くし、破戒《はかい》僧どもを根切りせよ」と言い放った信長の言をそのまま真に受け、あたかも見聞したごとく記録にとどめたからであろう。

もちろん、焼き討ちが行われたことは事実だろうが、実際は主だった建造物を焼いたくらいで、殺戮もずっと小規模だったに違いない。おそらくは「信長ならやりかねない」というところから生まれた、根拠の無い誇張が真実として一人歩きしたものであろう。

いずれにしろ、この延暦寺焼き討ちによって、寺社権門、一般民衆の目には信長がまさしく「魔王」と映ったはずだ。しかし、この衝撃的な出来事によって結果的に日本の政治は初めて宗教と分離した。江戸時代の歴史学者、新井白石《あらいはくせき》がこの焼き討ちを信長の「功績」の一つとして数えているのもそれゆえなのだ。

逆臣・明智光秀の評価を覆す「本能寺の変」の動機の謎

天正十年（一五八二）六月二日早暁《そうぎょう》、京都・本能寺に滞在していた織田信長を家臣の明智光秀《あけちみつひで》が急襲、信長は火焔《かえん》の中でその波瀾に満ちた四十九年の生涯を閉じた。世に言う「本能寺の変」である。

光秀は一体なぜ信長を襲ったのか。その動機に関して光秀自身、人に詳しく語ったり記録を残したりしなかったため、戦国期最大の謎として今日まで史家や歴史愛好家の頭を悩ませることとなった。

「主人殺し」「逆臣」の汚名を着せられることを百も承知の上で、光秀はなぜ謀叛に及んだのであろうか。四百年の歴史の封印を解き、光秀の言い分にスポットを当ててみたい。

光秀が信長を襲撃した動機として、これまでに様々な説が語られている。主だった説を検証しながら、そこから浮かび上がってくる謀叛に至った光秀の止むに止まれぬ事情に迫ってみよう。
動機その一。本能寺の変が起こった年の三月、甲州征討の折、法華寺《ほっけ》の陣所にあって戦勝祝いをしている最中、光秀が何気なく吐いた「われらがこれまで骨身を惜しまず働いてきたことが報われた」との言葉を聞きつけ、信長が激怒。光秀の襟髪《えりがみ》をつかむと「おぬしがいつ骨を折ったと申すのだ」と、頭を欄干《らんかん》に激しくこすりつけたという。(『川角太閤記《かわすみたいこうき》』)
その二。同年五月、甲州征討の戦功により信長から駿河《するが》国を賜った徳川家康がその御礼言上のために安土《あづち》に伺候《しこう》した。このとき接待役を命じられたのが、光秀である。ところが、たまたま夏場だったため膳の上の魚が傷んでおり、これに気付いた信長は光秀を即刻接待役から解いてしまう。面目を失った光秀はあてつけのように用意した料理を堀に投げ捨ててしまった。(『川角太閤記』)
その三。織田家中の重臣が顔をそろえた宴席で、途中で厠《かわや》に立った光秀が気に入らなかったらしく、信長が槍を持って追いかけ、光秀の首筋に槍先を擬《ぎ》しながら、さんざん罵倒《ばとう》した。(『義残後覚《ぎざんこうかく》』ほか)
その四。天正六年、丹波攻略に乗り出した光秀は波多野《はたの》兄弟が守備する八上《やかみ》城をなかなか落とせないでいた。そこで光秀は兄弟の助命を約し、その保証として自分の母を人質として差し出した。ところが、安土に送られた兄弟は信長の命によって即座に殺されてしまう。約束が違うと怒った八上城兵は人質の光秀の母を殺害、そののち城を出てことごとく討ち死にした。光秀にとっては信長の手で母を殺されたようなものだった。（『総見記《そうけんき》』ほか）

——以上である。これらの逸話が、特に一と三の話が本当にあったことだとすれば、信長という男はかなりの性格異常者で、大名どころか人間失格でさえある。光秀がそんな男に義理立てして長年耐え忍んでいたとは到底思えない、と史家の多くはみている。いずれの話ものちに創作された疑いが濃いという。

確かに、信長ほどすべてにおいて機能性や合理性を追い求めた戦国大名もいなかった。そんな計算高い男が、この家来は自分のためになると思えば、一時の感情に流されて相手を辱《はずかし》めるようなことは絶対にしないだろう。第一、信長は光秀のことを有能な武将であり行政官僚でもあると認めていた。

信長が石山本願寺と戦った際、なんの手柄も立てられなかった織田家譜代の重臣、佐久間信盛《さくまのぶもり》と林通勝《はやしみちかつ》の両名を問責《もんせき》したことがあった。このとき信長は「お前たちのような不甲斐ない者どもに比べ、わしには良い家来がいろいろいる。第一が惟任《これとう》（光秀が信長から与えられた姓）光秀、第二が羽柴秀吉である」といい、織田家から佐久間と林を追放してしまった。

これは本能寺の変からわずか一年半ほど前の出来事である。そんな最も信頼する家来を衆人環視のなか、打擲《ちょうちゃく》したり罵倒したりという愚かな行為を信長がするはずはない。もしも、光秀が辱められたなら、ほかの家来たちの信長への忠誠心が鈍ることは火を見るより明らかだ。したがって、動機の一と三はありえない。

では、四の母を殺されたことによる怨恨説はどうだろう。これにしても、やや無理がある。なぜなら、波多野兄弟を信長の前に差し出せば、信長の気性からして兄弟を殺害することは充分予想できる。そして、そのあとで起こる母の死も怜悧《れいり》な光秀でなかろうと十人が十人、予想しえたはずである。

ということは、光秀は信長の歓心を買いたいがために実の母を犠牲にしたのではあるまいか。光秀という男は一般的には「教養人で温厚な文官」という印象だが、宣教師フロイスの記録によると、なかなかどうして、光秀にも狡猾《こうかつ》、残忍、独裁的な一面があったという。また、そうでなければ信長の下であれほど短期間に出世できなかったはずである。

そうなると、光秀が信長を襲った真の動機は一体なんだろう。この一～四の動機以外にも、第三者にそそのかされたとする「黒幕説」があることも確かだ。主な黒幕としてこれまでに、光秀の旧主で室町幕府最後の将軍足利義昭《あしかがよしあき》、朝廷の権威に屈しない信長の存在を恐れた公家衆、信長が堺の富を独占しようとしたため反発した堺商人――などの名が挙がっている。

この中で、最も有力視されるのが、足利義昭にそそのかされたとする説だ。この説を裏付けるのが、光秀が紀伊の雑賀《さいか》衆に宛てて出した手紙の存在だ。その手紙には義昭の関与を匂わせる文言が記されていたが、これまで本能寺の変以前のものと思われていた。ところが、最近の研究によって「変」直後に書かれたものであることが判明したのだ。

これにより義昭黒幕説が大きくクローズアップされてきたわけだが、この説にも疑問がないわけではない。義昭が信長によって官位を剥奪《はくだつ》され京都から追放されたのは「変」の年を遡ること九年も前である点に注目してほしい。

義昭黒幕説が本当なら、この九年間に、光秀と義昭の間には何らかの交流――密約があったと考えるのが順当だが、実際には信長の目を盗んで両者が書簡や使者を交わしたとする記録は一切存在しない。

しかも、義昭は京都を追われてからというもの、大坂・堺、紀伊・由良《ゆら》、備後《びんご》・鞆《とも》などを転々とする流浪生活を送っていたのだ。そんな所在の定まらない義昭と秘密裏に連絡を取り合うことはまず不可能であろう。ここから、義昭黒幕説は百パーセント真実であると言い切れないのである。

さて、そうなるといよいよ謎は深まっていくが、ここは基本に立ち返ったほうがよさそうである。警察の捜査官は一様に「現実の殺人事件なんて単純なもの。推理小説のように入り組んだ犯罪は皆無といってよい」と語っている。つまり、われわれは本能寺の変が歴史上あまりに衝撃的な事件だけに、物事を複雑に考えすぎたのではあるまいか。

光秀が信長を襲った真の動機は、信長に代わって天下をその手に握りたかったからではなかったか。信長の出現で下剋上に象徴される戦国乱世は一時的に終息に向かいつつあったが、まだ充分にその余燼《よじん》は燻《くすぶ》っていた。信長に次ぐナンバー2のところまでのし上がってきた光秀が下剋上を考えたとしても何ら不思議はない。

奇しくも、その日、信長はわずかな供回りしか連れていなかった。さらに秀吉は備中《びっちゅう》、柴田勝家は北陸といった具合に京都周辺には自分に対抗しうる勢力もなかった。こんな絶好機はもう二度と望めないだろう。やるなら今だ――。このとき光秀の目は、天下の覇者へと通じる金色に光り輝く門をとらえていたことだろう。

信長の独走をこのまま許していては近い将来、信長が征夷大将軍となって織田幕府を開くことは目に見えている。将軍職は慣例に従って平氏か源氏であるべきだ。しかし、信長はそのどちらでもない。その点、土岐《とき》源氏の流れをくむ自分こそが将軍にふさわしい――有職故実《ゆうそくこじつ》に人一倍通じ、またそれを信奉していた光秀はそう考えたに違いない。光秀が主君信長を襲った理由を詳しく書き残したり、人に語ったりしなかったのは、自分が天下を取りたかったなによりの証拠と思えるのだが、はたしてどうだろうか。

妻子を殺害した徳川家康「築山殿事件」の水面下で起きていたこと

徳川家康は少・青年期、今川氏の人質として駿府（静岡）にとどまっていたが、このとき今川義元の姪に当たる関口刑部少輔親永《ぎょうぶしょうゆうちかなが》の娘を娶っている。この娘がのちに築山殿と呼ばれた家康の正室である。

二人のあいだには嫡男信康《のぶやす》が生まれ、後継者として逞《たくま》しく育つが、ある疑惑がもとで家康は築山殿と信康の妻子を相次いで殺害してしまう。これが世にいう「築山殿事件」である。

なぜ家康が最愛の妻子を殺さなければならなかったのかは大きな謎だが、それにしても築山殿の評判が悪すぎるのだ。後世、築山殿は武家の妻として失格であり、夫に殺されても仕方がない悪女と言われた。

源氏の嫡流である今川一門の出身という誇りを鼻にかけ、かつては今川の人質だった夫の家康を常に見下していた。家康が今川家の恩を忘れ、仇敵である織田信長と同盟したことも気に入らなかったという。息子信康の妻に信長の娘（徳姫）を迎えていたが、当然、嫁姑の関係は最悪だった。信康と徳姫の夫婦仲を裂こうと、武田の家人の娘を信康の妾《めかけ》にあてがったりもしている。

しまいには夫家康を裏切ることになる、信康を巻き込んでの武田勝頼との内通工作を独断で行ったという。これが築山殿の命取りになった。

姑が武田方と内通していることを知った徳姫は父信長に十二カ条の中傷文を認《したた》めて通報。激怒した信長は、家康に信康殺害を命じる。突っ撥ねれば徳川のあしたはない。家康は泣く泣く築山殿に死を命じ、嫡男信康を割腹させた。天正七年（一五七九）、家康三十八歳のときの事件である。

こうして築山殿は夫を裏切り、家を傾けさせた悪女中の悪女、と言われるようになった。しかし、築山殿は本当にそれほどの悪女だったのだろうか。

事件のきっかけとなった徳姫の手紙からして不審な点が多いのだ。その手紙では、築山殿は岡崎城内の豪華な邸宅で我儘にふるまい、唐人医師と密会したり武田方と内通したりしたと非難しているが、実際は城下はずれの尼寺で監視され幽閉のような生活を送っていたのである。

家康が人質生活を解かれ領国の三河岡崎に戻ることができたのは十九歳のとき。桶狭間の戦い（一五六〇年）で今川義元が信長に敗れたためだ。その際、築山殿と信康は駿府に残したままであった。

二年後に妻子を呼び寄せるが、築山殿だけは敵方として岡崎城へ入ることを許されず、城外の築山に居場所を与えられる。ここから「築山殿」と呼ばれるのだが、夫からも見放され一人さびしく知らない土地で暮らすことになった若妻の心情は察するに余りある。

また、武田方と内通したという疑惑にしても、当時武田は長篠の戦いに敗れ、大井川東の戦線を保つのがやっとの状態だ。信康らと謀って織田を討つという策にどれだけ信憑性があったか。こちらも非難の根拠は薄いのである。

本当に謀叛の企《くわだ》てがあったとして、家康ほどの男がわが妻や息子の不穏な動きに気付かないというのがおかしい。しかも、家康自身、そのことで妻子を詰問した様子もみられないのだ。ここは謀叛などハナからなかったと考えるのが順当だろう。

大久保彦左衛門が著した『三河物語』に、信康殺害は徳姫の手紙が原因と記録されている。文中、築山殿への非難の言葉はなく、信康も悪人になっていない。この事件は信長の家康に対する残酷な仕打ちの一例であり、妻子殺害は家康が信長を怖れた末のやむを得ない行為であったというのだ。それが本当なら、信長ともあろう者が娘の手紙を見たくらいで信康の謀叛を鵜呑《うの》みにするというのが不自然だ。

信長は家康の嫡男信康の存在を怖れたのではないだろうか。信康は生まれながらに将器を備えた逸材で、それに比してわが息子たちはそろいもそろって凡庸だ。将来、織田と徳川の勢力が逆転することを怖れ、禍根《かこん》を断つために信康を死に追いやったという説があることも事実だ。

しかし、対等の同盟者として家康を立てていた信長が家康に対しそんな酷い仕打ちを行うだろうか。どうにも納得できない。

このことから、史家の中には、信長に強要されたからというよりも家康は何らかの理由で自発的に妻子を殺したのではないかという説を唱える者もいるようである。しかし、肝心の動機が謎だけにこの説もまた隔靴掻痒《かっかそうよう》の感がある。

真相は藪《やぶ》の中だが、いずれにせよ、のちに天下を取った家康が自らの過去の汚点をできるだけ覆い隠そうとして築山殿を殊更悪女に仕立て、信康殺しも信長に強要されたことにしたのは間違いないだろう。

築山殿が亡くなったあと、築山殿の侍女が一人、殉死（入水自殺《じゅすい》）を遂げている。侍女の父親は家康の幕僚伊奈忠基《いなただもと》である。家康から遠ざけられている築山殿に殉じるという行為が、あとあと実家にどんな迷惑となって跳ね返ってくるか容易に想像できたはずだ。しかし、娘はあえて死を選んだ。築山殿が夫家康を平気で裏切るような悪女であったなら、こんな忠義立ては絶対にしなかったはずだ。このことはとりもなおさず、築山殿が家来思いの主人だったことをうかがわせる。

築山殿を非難する文献や読み物は、築山殿没後百余年を経た江戸中期から数多く出てきた。昭和に書かれた作品では山岡荘八の小説『徳川家康』、戯曲では大仏次郎《おさらぎ》の『築山殿始末』が知られるが、いずれも築山殿を悪女として描いている。しかし、両作者とも後日談として作品はあくまで虚構であり「築山殿に非難される点はない」と述べている。

いってみれば、今日の、築山殿＝悪女という虚像は二百五十年をかけて偽りの風聞と偏見によって作り上げられたのである。その遠因は神君家康公を称えるためであり、築山殿を悪女の見本とすることで家康による妻子殺しを正当化しようとしたからにほかならない。

事件の中心人物・絵島からみた「絵島・生島事件」の全容

徳川三百年の歴史の中で大奥が関係した最大の醜聞《スキャンダル》といえば、大奥女中絵島による「絵島・生島《いくしま》事件」であろう。絵島が門限を破ったことから当時の人気役者生島新五郎との密通が発覚、それをきっかけに大奥の一大粛正が行われたという大事件である。

絵島は七代将軍家継《いえつぐ》の生母月光院に仕えていた大年寄で、千人余りいた御殿女中のトップとしてその権勢を誇っていた。当初こそ大奥の門限遅刻が理由であったが、その後の徹底した取り調べで大奥の退廃ぶりが次々と明らかになる。

事件に連座し罪に問われた者は死罪二人、遠島四十人余をはじめ、のべ千五百人以上に及んだ。その規模からも最大級の粛正事件といえた。絵島自身は遠島を申し渡されたが、月光院の嘆願により罪一等を減じられ信州高遠へ流罪となり、許されないまま二十八年後、高遠において六十一歳で没している。

絵島の判決文をみると、罪状として「不行跡」をあげている。それも従来は大目に見られていた遊興だけなのである。はじめの口実であった門限遅刻さえも触れられていないのだ。とても死刑者が出るほどの罪状ではないし、千五百人以上が罰せられた大事件の発端にしてはあまりに些末《さまつ》だ。

では、なぜこれほどの一大粛正事件に発展してしまったのだろうか。ここは役者に狂った末に幕府の権威を失墜させたとされる御殿女中絵島の言い分を聞いてみなければなるまい。

正徳四年（一七一四）一月十二日、この日、江戸城大奥の年寄役絵島は仕えている月光院の名代《みょうだい》で、多くの奥女中を引き連れ、前将軍家宣《いえのぶ》の墓参のため芝の増上寺へ向かった。

その帰途、懇意の御用商人らの誘いで絵島一行は木挽《こびき》町の山村長太夫一座の舞台を見物した。舞台がはねた後、茶屋に接待される。酒宴の途中に人気役者の生島新五郎も駆けつけ、大いに盛り上がった。このため、絵島らは大奥の門限に遅れてしまうのである。

当時、大奥女中の芝居見物はけっして珍しいことではなく、たとえ門限に遅れても門番が気を利かせて何事もなかったように通してくれるのが常だった。しかも、絵島は事前に遅延届けを出していたため、門限遅刻をさほど問題視していなかった。

もっとも、いささか度が過ぎたとの反省は絵島にもあった。芝居見物では桟敷《さじき》に百人余りの大奥女中が占拠し、その嬌声《きょうせい》は他の客の顰蹙《ひんしゅく》をかっていたからだ。そうした芝居見物の嬌態や酒宴の様子が老中の耳にまで届いていたとすれば少々のお咎《とが》めも仕方がないと覚悟していた。

二月二日、絵島は評定所よりとりあえず謹慎を言い渡される。このとき絵島は空前の大事件に発展するとは想像もしていなかったはずである。仕掛けたのは、日ごろ大奥の退廃ぶりに業を煮やしていた老中秋元喬知《たかとも》らであった。絵島の門限遅刻を大奥粛正のための好機ととらえたのである。

秋元老中は「大奥の風紀紊乱《びんらん》」を理由に関係者を徹底的に調べあげた。この捜査は峻厳《しゅんげん》を極め、事件にかかわった者たちが細大漏らさず洗い出された。その結果、極刑（死罪）となったのは、妹の監督責任を問われた絵島の兄の旗本・白井平右衛門と、絵島に遊興をすすめた水戸藩御徒《おかち》頭奥山喜内の二人であった。

また、巻き添えを食った形で山村座は廃絶、役者の生島新五郎や座元の長太夫は遠島となり、これを機会に江戸に散在していた芝居小屋はすべて浅草聖天町《しょうてんちょう》（猿若町）に移転させられている。

しかし、秋元老中の真の狙いはこうした大奥の粛正ではなく、絵島が仕えていた月光院とその一派の追い落としにあった。家継の生母として権勢をふるう月光院、それにつらなる側用人間部詮房《まなべあきふさ》や新井白石に対する反感がその根底にあり、大奥粛正はいわば大義名分であった。

そんな秋元老中を焚《た》き付けたとみられているのが、前将軍家宣の正妻天英院である。当時、大奥内部では月光院派と天英院派との間で激しい勢力争いが繰り広げられており、天英院派は今回の事件が月光院派の勢力を削《そ》ぐ上でまたとない好機と判断し、秋元老中を動かしたのだという。

それが証拠に、大奥粛正を掲げておきながら、処分は大奥全体に広がらず、絵島とその関係者に限られていた。このことから天英院黒幕説はかなり信憑《しんぴょう》性がある。

さらにもう一つ、今回の事件の背景には後継将軍にからむ策謀もあった。病弱な家継の後継選びに月光院側の思惑が反映されることを天英院は嫌ったのである。

実際、家継は在位四年目で他界するが、それまでは月光院側が推す尾張継友《つぐとも》が有力視されていた。ところが、この絵島・生島事件を契機に逆転し、天英院や秋元老中らが推す紀州吉宗が八代将軍と決まったのである。

ちなみに、吉宗は将軍就任後、月光院派とみた間部詮房や新井白石らを直ちに罷《ひ》免《めん》し、大奥の改革にも着手、その人員を半減させた。また、一七二二年には絵島・生島事件の処罰者に対する恩赦を行い、中心人物の絵島以外、全員赦免している。

このように大奥最大の醜聞とされる絵島・生島事件の真相は大奥女中と人気役者の密通疑惑というより、それに端を発した幕閣と大奥における権力争いだったのである。絵島はそれに巻き込まれ、一人悪女にされただけなのだ。

明治以後、絵島・生島事件は歌舞伎や小説などに脚色され、絵島は歴史に残る悪女として定着してしまった。この事件を題材にした芝居では絵島が、衣装箱に生島新五郎を隠して大奥に連れ込み快楽に耽ったとされたが、これはあくまで創作であり、事実でないことを付け加えておこう。

「安政の大獄」を断行した幕末の大老・井伊直弼が抱えていた苦悩とは？

嘉永六年（一八五三）六月の黒船来航以来、幕府内は開国か攘夷かで真っ二つに割れた。そんななか、ときの大老・井伊直弼《なおすけ》は天皇の勅許《ちょっきょ》を待たずに日米修好通商条約に調印、さらに尊王攘夷派の反発には徹底した武力弾圧で応じたのだ。これが「安政の大獄」である。

この弾圧によって反対派は一掃されるが、直弼自身も一八六〇年三月、「桜田門外の変」で水戸と薩摩の浪士団に暗殺されてしまう。安政の大獄があまりに過酷だったため、桜田門外の変は直弼の独裁に対する当然の報いであるという見方が強い。善玉・悪玉でいえば悪玉の印象である。

しかし、直弼にも人知れず苦悩があった。少なくとも彼はたんなる冷酷非情な独裁者ではなかった。厳しい国際情勢の中で日本の独立を守った愛国者である、との再評価もある。ここは直弼の言い分を聞いてみなくてはなるまい。

井伊直弼は一八一五年十一月（旧暦では十月）、彦根藩第十一代藩主・井伊直中《なおなか》の十四番目の男子として生まれた。十四男ではとうてい家など継げる立場になく、十七歳から三十二歳までの十五年間、肩身の狭い部屋住みを経験している。

自ら「埋木舎《うもれぎのや》」と名付けた住まいで文武の修行に励むのだが、のちに政治家として発揮する特異な粘りと強引さはこの時期に育《はぐく》まれたようだ。直弼三十五歳のとき運命が急転する。藩主であった兄が急死し、養子にも出ずたまたま一人残っていた直弼が彦根藩三十五万石の当主となったのだ。

もともと彦根藩は徳川家康の四天王のひとり井伊直政を藩祖とし、譜代大名でも筆頭とされる重要な家柄。事実、江戸時代に任命された大老十二名のうち、五人までが井伊家の出身である。

こうして直弼の身に一大転機が訪れたように、当時の幕府もまた大きな岐路に立っていた。外に日米修好通商条約調印、内には将軍継嗣《けいし》問題という二つの難問を抱え、その対応に苦慮していたのである。

黒船来航から三年後の一八五六年、米国総領事ハリスから通商条約の締結を求められていた幕府は条約調印の方針を固めた。そこで直弼は、徳川斉昭《なりあき》をはじめとする攘夷派の反対を封じ込めるために天皇の勅許を京都の朝廷に求めた。直弼は関白・九条尚忠《ひさただ》への朝廷工作によって「外交は幕府に任せる」との回答を引き出すものの、岩倉具視《ともみ》ら下級公家の反対によって覆され、勅許は得られなかった。

しかし、事態は急である。中国では英仏連合軍が勝利をおさめ、つぎの英仏のターゲットが日本に向くのは間違いなかった。外国艦隊に攻められれば小国の日本はひとたまりもないであろう。不毛な論争をする余裕などないのだ。

もともと直弼は開国派ではなかった。むしろ心情的には攘夷派に近かったが、実際に政権を担当すると、原則論ではどうにもならない現実を直視せざるを得なかったのである。

いますぐ条約を調印するか。あくまで勅許を待つか。直弼は厳しい選択を迫られ、悩みぬいた末に勅許なしでの条約調印を決断するに至る。直弼は諸外国と条約を結ぶことで武力侵攻のない状況をつくりだし、その間に日本の海軍力を充実させようと考えたのである。

この決断によって強い非難が一身に浴びせられるのは覚悟の上であった。ここでもしも直弼が決断を先延ばしにしていれば、中国と同じように日本は殖民地にされる可能性もあったのだ。そう考えると、直弼は幕府だけでなく、日本全体のことを考えた愛国者であったといえる。

さて、もう一つの難問――将軍継嗣問題である。家定の次の十四代将軍を誰にするか。攘夷派は水戸の徳川斉昭の息子で一橋家を継いだ徳川慶喜《よしのぶ》を推したが、直弼はあえて紀州徳川家の慶福《よしとみ》（のち家茂《いえもち》と改名）を強引に後継に据えた。そして斉昭には謹慎を言い渡し、慶喜を登城停止処分とした。

ところが、幕府の開国の動きに批判的な孝明天皇は尊王攘夷派の牙城・水戸藩に対し「密勅」を下す。朝廷が幕府の頭越しに諸藩に勅令を送るなど、本来ありえないことで幕府の掟《おきて》を踏みにじる行為だった。しかも勅令の内容は条約調印は天皇の意志に背き軽率である、と幕府を批判するものであったから直弼は怒った。

直弼はさっそく関係者の取り締まりに乗り出す。安政の大獄の始まりである。将軍継嗣問題以来、自分に反発してきた各地の攘夷派のリーダーを次々と逮捕。橋本左内、吉田松陰ら八名を処刑し、連座して処分した者は百余名にものぼった。また開国反対派の公家にも朝廷に圧力をかけて謹慎させ、強権で国をまとめようとしたのである。

この徹底した弾圧ぶりによって、後世「かの悪名高き井伊直弼」と言われ続けることになる。しかし、この当時の最高責任者としては決して看過《かんか》できない事態だった。攘夷派が跋扈《ばっこ》し、国内が内乱状態にでもなれば外国勢力につけ入るスキを与えることにもなりかねない。

外圧と直面し、国が危急存亡のときに一方を弾圧してでも国論を統一しなければならない——と直弼は苦渋の決断をしたのだ。厳しい国際情勢を身に染みて認識していた直弼だからこそ、あえて強権を発動したのである。

通商条約の締結といい、将軍継嗣問題といい、いずれも国を二分するほどの大問題だった。のちに直弼は桜田門外で非業の死を遂げるが、彼が果たした役割は大きかった。幕末期、日本の殖民地化の危機を回避させた大功労者であるといっても誇張にならないだろう。

第4章　その「行動」には裏がある

源頼朝が弟・義経を討ち取るに至った見えない事情

鎌倉幕府を開いた源《みなもとの》頼朝《よりとも》から見て、源義経《よしつね》は十二歳下の異母弟にあたる。父義《よし》朝《とも》が平治の乱（一一五九年）によって平氏に敗れたため兄弟は一旦、離れ離れに暮らしたが、頼朝が一一八〇年に挙兵すると、義経はそれまで身を寄せていた奥州から急いで兄のもとに駆けつけた。

同年十月、兄弟は駿河の黄瀬川《きせがわ》（現静岡県沼津市）において劇的な再会を果たす。頼朝三十四歳、義経二十二歳。『義経記《ぎけいき》』はこのときの対面の様子を「共に涙にむせび給う。互いに心のゆく程泣きて……」と記している。

これ以後、義経は兄頼朝の手足となって平家討伐に活躍するわけだが、この黄瀬川の対面からわずか五年後、二人の関係に亀裂が生じ、さらにその四年後には兄が弟を滅ぼすという悲劇的な結末を迎えることになる。

今日、源頼朝といえば冷徹な為政者という印象が浸透している。これは、教科書などでおなじみの頼朝の肖像画（伝・藤原隆信筆）から受ける緊張感に満ちた画面の印象が多分に寄与している。しかし、やはりそれ以上に頼朝の印象を決定付けるのは、血を分けた弟を殺したという歴史的事実である。これによって頼朝は目的のために手段を選ばない血も涙もない武将となった。

こうした今日の頼朝像はどこまで正鵠《せいこく》を射ているのだろうか。頼朝と義経、二人の兄弟の愛憎劇の顛末をたどりながらそのあたりを検証してみよう。

源平合戦において平家軍を滅ぼした最大の功労者といえば、源義経である。義経が指揮した合戦は常に鮮やかな勝利を源氏軍にもたらした。たとえば、「鵯越《ひよどりごえ》の逆《さか》落とし」で知られる「一ノ谷合戦」においては、急峻な崖を騎馬で駆け下って敵軍の背後をつく、という奇襲を成功させた。続く「屋島合戦」でも、嵐の瀬戸内海を船で乗り切り、阿波・徳島に上陸するや油断していた平家軍の背後を襲い、大勝利を収めている。まさに、源義経こそは軍神の化身であった。

しかし、古今に稀な戦上手であっても、兄頼朝のような「戦略家」ではなかった。そこが義経という人物の悲劇だった。

頼朝と義経の関係が悪化し始めたのは、義経が一ノ谷合戦（一一八四年）に勝利したところからである。歴史に残る奇襲戦を成功させ、意気揚揚と京都に凱旋《がいせん》した義経。そんな義経に対し後白河法皇が、鎌倉にいる頼朝に無断で官位（「検非違使左衛門少尉《けびいしさえもんのしょうじょう》」）を授けようとした。

義経は一も二もなくこれを受けた。しかし、旧来の朝廷政権を否定し、新たに武家政権樹立を目指す頼朝の目には、それは許しがたい義経の越権行為と映った。怒った頼朝は義経の平家討伐指揮官の任を解いてしまう。

おそらくこのときの義経は、頼朝の深謀遠慮に気付かず、なぜ自分が処分されたのか理解できなかったに違いない。次代の為政者として大局観を持った頼朝と、一将軍に過ぎない義経との差が如実に表れた事件であった。

ところが、義経の後釜となった義経の兄範頼《のりより》が率いる平家討伐軍は思ったほどの戦果をあげられなかったことから、頼朝はやむなく義経を戦線に復帰させた。勇躍した義経は、讃岐・屋島においてまたしても敵の背後をつく奇襲戦を仕掛け、鮮やかな勝利を収める。

その後、義経は壇ノ浦に追い詰めた平家軍を撃破し、ついに栄華を誇った平家一門は滅亡した。一一八五年のことである。義経は戦で捕らえた平家の捕虜を護送し、今度こそ兄頼朝から褒められることを期待して鎌倉へと凱旋した。

しかし、その期待は見事に裏切られる。鎌倉を目前にした腰越という所で頼朝から「面会許さず」の命令がもたらされたのである。頼朝の義経に対する怒りは収まっていなかったのだ。困惑した義経は藤沢の満福寺に逗留し、一通の嘆願状をしためている。送った相手は頼朝の信望厚い公文書別当の大江広元という人物で、頼朝へのとりなしを頼んだのである。これが有名な「腰越状」だ。

「左衛門少尉源義経、恐れながら申し上げ候」で始まるその嘆願状は短い文章ながら、義経の無念さが八百年の時空を超えて読む人の胸に切々と伝わってくる内容である。しかし、この義経一世一代の申し開きが頼朝に聞き入れられることはついになかった。仕方なく、すごすごと京都に戻っていく義経一行。その四年後、義経は逃亡先の奥州平泉において頼朝軍に攻められ、自刃して果てた。

一体、頼朝はなぜ義経の面会を拒んだのであろうか。平家討伐の最大の功労者にこの仕打ちは解せないが、その背景には梶原景時《かげとき》の讒言《ざんげん》（人を悪く言うこと）があったと言われている。

景時は頼朝が片腕ともたのむ家来で、一ノ谷合戦や屋島合戦では副将として義経軍に従軍している。その際、奇襲戦法を主張する義経と軍議の場で何度も激しく対立、両者は互いの主張を譲らず斬り合う寸前までもめたこともあった。

自分の主張が聞き入れられず、しかも、義経の主張した奇襲戦法がことごとく成功するものだから、景時にすればおもしろかろうはずがなかった。もともと讒言癖があり、周囲の反感を買うことも多かった景時はことあるごとに「義経殿には鎌倉殿（頼朝のこと）を蔑《ないがし》ろにした言動が目立つ」とか「義経殿は自分一人で戦《いくさ》に勝ったような気でいる」といった報告を頼朝のもとにあげている。

頼朝はこれを真に受け、義経を誅殺《ちゅうさつ》したのだという。しかし、平家を滅ぼし武家政権を築いたほどの男が家来に言われたくらいで血を分けた兄弟を殺すとは到底思えない。頼朝が義経を殺そうとした真の背景には後白河法皇の存在があった。

後白河はのちに頼朝が「日本一の大天狗」と評したほどの稀代の陰謀家で、朝廷による政権奪回を目論んでいた。その陰謀家に義経がまるめこまれ、いつ自分に牙を剥いてくるかしれたものでないと危惧し、頼朝は禍根を断つために義経を抹殺したのである。

頼朝と義経はもともと兄弟とはいえ、縁は薄かった。離れ離れになったのは頼朝十四歳、義経はわずか二歳のときだ。頼朝にとっては大勢いる弟の内の一人にすぎず、しかも義経が庶子（妾腹の子）だけに、遊んでやったことなど一度たりとも無かったはずである。

黄瀬川では再会の感激で思わず涙を流したが、その後の義経に対する頼朝の処遇は一家来に対するそれと何ら変わりなかった。頼朝にすれば、自分の言うことをハイハイと何でも聞いてくれる有能な将軍としか見ていなかったのであろう。

その従順な将軍が後白河から官位を授かったことから、兄弟の間の歯車が狂い始めたのである。しかし、頼朝による義経討伐は為政者とすれば当然の選択と言わざるを得ないであろう。

応仁の乱のきっかけをつくった足利義政は、本当に「行動しないリーダー」だったか

有史以来の日本の歴史を見渡して、時代の大きな転換点となった出来事に、室町時代中期に起こった「応仁の乱」をあげる史家も多い。ご存じのように、京都を主戦場として足掛け十一年も続いた内乱だ。

この内乱によって京都は一面焼け野原となり、被災して家屋敷を失った夥《おびただ》しい数の人々が市中にあふれ、治安は乱れに乱れた。

戦後、京都に集結していた有力大名たちは続々とそれぞれの地元に戻っていくが、内乱を鎮《しず》める立場にあった足利将軍が、まったく頼りにならないことを京都で知ってしまった彼らは、いわば箍《たが》が外れた状態となり、身分が低くても実力のある者が身分の高い者を権力の座から追い落とそうとする風潮——下剋上が各地で頻発するようになる。

こうして戦国の三英傑の一人、徳川家康が登場して江戸幕府を開き、豊臣氏を滅

ぼすまでの約百五十年間、日本史上に「戦国時代」という群雄が割拠する殺伐、混沌とした時代区分が出現するわけである。

そもそも、この戦国時代を生み出した張本人、つまり応仁の乱のきっかけを作った人物がいたことをご存じだろうか。そう、室町幕府第八代将軍・足利義政《あしかがよしまさ》である。室町幕府には初代尊氏《たかうじ》から織田信長に擁立された義昭《よしあき》まで十五人の歴代将軍がいたが、その中でも飛び切りの「駄目将軍」と目されている人物だ。

「やたらと将軍の権威を振りかざし、紛争に介入したがる」「庶民が飢饉《ききん》で喘《あえ》いでいるのに自分は趣味や物見遊山に明け暮れる」「女房の日野富子《ひのとみこ》の尻に敷かれ、富子の一族にも言いなりになっている」……などなど聞こえてくるのは悪い評判ばかり。一体、そんな駄目将軍に通説を覆すような功績は見つかるのだろうか。

足利義政は永享《えいきょう》八年（一四三六）一月、第六代将軍・足利義教《よしのり》の五男として生まれた。当初、上には兄たちがいて、しかも義教と側室・日野重子《しげこ》の間に生まれた庶子だったため将軍候補には入っていなかった。ゆえに当時の慣例に従って出家し、どこかの寺に入ってそのまま僧侶として安穏に過ごすはずであった。

ところが、義政が六歳のとき、「嘉吉《かきつ》の乱」が起こり、父義教が赤松満祐《みつすけ》に殺害されてしまう。さらに跡を継いだ義教の嫡子・義勝《よしかつ》も二年後に数え十歳で早世する。そこで義勝と生母が同じだった義政に御鉢が回ってきたという次第。こうして義政は管領《かんれい》（将軍の補佐）・畠山持国《はたけやまもちくに》などの後見を得て第八代将軍となった。文安《ぶんあん》六年（一四四九）四月、義政十四歳のときだった。

将軍の座に就いた義政は当初こそ政権のトップとして自分の思い通りの政治をやってみようと張り切るのだが、すぐに現実の壁に直面し、政治への興味を喪失してしまう。将軍といっても自分は有力大名たちの傀儡《かいらい》に過ぎないのだ。彼らの同意がなければ何一つ決められないのだ、ということに気づかされる。

康正《こうしょう》元年（一四五五）、日野富子と結婚。二十歳と十六歳の夫婦だった。富子にとって義政の生母・重子は大叔母にあたる。後世、「三代悪女」の一人とされ、気が強くて吝嗇《けち》、お金を蓄えることにしか興味がなかった富子と一緒になったことで義政の発言権は愈々《いよいよ》弱まっていく。

「応仁の乱」のそもそもの発端は、義政と富子の間に男子が生まれないことだった。富子は二十歳のときに男子を生んでいたのだが、その日のうちに夭折《ようせつ》している。以後、二人の子をなすが、いずれも女子だった。

そこで義政は寛正《かんしょう》五年（一四六四）、異母弟で仏門に入っていた義尋《ぎじん》を還俗《げんぞく》させて義視《よしみ》と名乗らせ、彼を後継者とした。ところが、間の悪いことに翌年、富子は男子（のちの義尚《よしひさ》）を産んでいる。富子にすればやはりわが子がかわいいわけで、義尚の後見となった実力者の山名宗全《そうぜん》や実家の日野家に泣きつき、義尚が将軍の座に就くよう画策する。

このころ管領を務めるほどの有力守護大名であった畠山氏や斯波《しば》氏にも家督争いが起きており、それぞれが同じく有力守護だった山名宗全や細川勝元を味方に引き込もうとして事態を一層複雑化させた。

つまり、この応仁の乱が起こった要因として、「将軍後継問題」を軸として「畠山氏と斯波氏における家督争い」「山名宗全と細川勝元による幕府内の勢力争い」などが絡み合い、東軍（細川勝元）VS西軍（山名宗全）という戦いの構図が出来上がってしまったことだ。

付言すれば、この機会に自らの勢力拡大を図ろうとする各地の有力守護が東西両軍のいずれかに加担し、古今未曽有の大乱たらしめたのであった。

この大乱が起こったことで、幕府トップの義政はどうしたのか。実はほとんど何もせず推移を傍観していたのだ。それどころか、乱が勃発して間もなく、義政は東軍の細川勝元に要求されるがまま深く考えもせず「将軍旗」を与えていた。これにより西軍の山名宗全は幕府に盾突く賊軍となってしまった。

乱を終息させるための調停に乗り出すどころか、火に油を注ぐようなことをしておいて自らは傍観を決め込む義政。乱のさなかの文明《ぶんめい》五年（一四七三）には将軍職を義尚に譲り、酒宴や風流の日々に逃げ込んでいる。

義政は建築や造園にも熱心で、乱の余燼《よじん》が残る文明十五年には自身の隠居所として京都盆地の裏側に「東山山荘」の建築に着手。この中の二層楼閣《ろうかく》・慈照寺《じしょうじ》観音殿《かんのんでん》が通称「銀閣寺」である（京都・北山の金閣寺になぞらえ銀閣寺と呼ばれるようになったのは江戸時代に入ってから）。

ところが、この観音殿の完成を見ることなく義政は延徳《えんとく》二年（一四九〇）一月、五十六年の生涯を終えている。

応仁の乱の勃発を食い止めもせず、さらにそれを傍観したこと、徳政令（借金を帳消しにして御家人や農民たちを救済しようとした法令）を多発して経済界を混乱させたこと、幕府が財政難に喘いでいることを百も承知で明《みん》（中国）との貿易のうまみを細川氏や大内氏に奪われたこと、飢饉が頻発して民衆が困っているのを見て見ぬふりで趣味三昧に没頭したこと……など義政が犯した失政を数えあげればきりがない。

義政は将軍になりたての頃、南北朝を一つにまとめて足利政権を確立した祖父・足利義満《よしみつ》（第三代将軍）のような剛腕政治家を目指していたのだが、政治力や統率力という点では尊敬する義満の足元にも及ばなかった。

義政が義満を尊敬していたことは、義満の金閣寺をモデルに銀閣寺を建てたことでも明らかだ。しかしながら、義政の功績は義満のそれとは別種のものだった。彼のもとには身分に関係なく様々な芸術・芸能・技能に秀でた者たちが日毎夜毎集まり、のちに「東山文化」と呼ばれる新たな文化を生み出していったのである。

例えば、「わび・さび」の茶の湯をはじめとして、生け花や和室、水墨画、香道、作庭、建築、能、連歌など日本文化の源流とも言えるものがこの頃に生まれていたのだ。義満は公家を中心としたきらびやかな「北山文化」を現出させたが、義政が興した「東山文化」は、同じ禅宗の精神を踏まえながらも武士の中から生まれた美意識を基にしていた。簡素枯淡だが洗練された趣がにじみ出ている銀閣寺がその典型だろう。

日本文化研究の世界的権威であったドナルド・キーンは、著書『足利義政と銀閣寺』（角地幸男訳、中公文庫）の中で義政に対し、

「すべての日本人に永遠の遺産を残した唯一最高の将軍だった」

との評価を与えている。

足利義政は、たんに為政者としては政治力や統率力に乏しかったかもしれないが、彼がのちの日本人の精神性に及ぼした影響を考慮すれば、その功績は計り知れないものがある。もっと再評価されてよい偉人の一人である。

二度にわたって天下取りに失敗した伊達政宗の言い分

伊達の一本締め――という言葉がある。「ヨーオ、ポポポン、ヨーオ、ポン」という軽快なリズムで行われる手締めのことで、「奥州の覇王」とうたわれた伊達政宗が生きた時代、家臣による会席などで盛んにこの手締めが行われた。今日でも仙台地方に細々と伝わっている。

この手締めの「三」拍子と「一」拍子の組み合わせには、実は深い意味が隠されている。つまり、奥州を統一した今、日本全土を平らげ、やがて三国（政宗の時代は日本、中国、インドを指す）一の武将たらんとする政宗の大いなる野望を象徴したものだという。政宗の隻眼は、国内統一はおろかその先に海外雄飛まで見据えていたのである。

伊達政宗は生涯で少なくとも二度、天下を掴みかけたことがある。しかし、二度とも、豊臣秀吉、徳川家康という両巨頭に阻まれ、その好機を生かすことができなかった。一体、何が災いしたのか、奥州の覇王の言い分を聞いてみたい。

第一の好機は、天正十七年（一五八九）十一月、豊臣秀吉が発令した小田原・北条征伐のときである。それに先立つ同年六月、二十三歳の政宗は摺上原《すりあげはら》の戦いで強豪・芦名盛重《あしなもりしげ》（義広とも）を破っていた。これによって政宗は奥州の大部分を手中に収めたのである。ところが、秀吉はかねてより親交があった芦名氏が滅ぼされたことで激怒し、政宗に対したただちに上洛して申し開きするよう命じた。

しかし、政宗は若さゆえの驕《おご》りからか、無視をきめこむ。小田原征伐が発令され、小田原攻めへの参陣をうながす秀吉の書状が届いても、すぐには腰を上げようとしなかった。というより、政宗はひそかに秀吉に立ち向かう方策を練っていたらしい。

当時、小田原城は天下第一の堅城として聞こえていた。そのため政宗は、秀吉といえどもそう簡単に落とせるはずがない。準備を含め相当時間がかかるだろう、と読んでいた。そのうえで、小田原攻めが始まるまでに常陸《ひたち》（茨城県の大部分）の佐竹氏を討ち、一方で北条氏政・氏直父子や下総（千葉県北部と茨城県南部）の結城《ゆうき》晴朝《はるとも》らと連携を図り、秀吉に対抗する勢力を整えるべく画策したというのだ。確証はないが、このときの若く意気軒昂《けんこう》たる政宗なら充分あり得る話だ。

しかし、それは明らかに政宗の読み間違いだった。奥州各地の諸大名は秀吉に尻尾《しっぽ》をふって早々に参陣し、翌天正十八年三月には秀吉自らも二十万の大軍を率いて小田原に向かった。秀吉は政宗の予測をはるかに上回る素早い動きを見せたのである。「しまった」と臍《ほぞ》を噛む政宗。徳川家康や浅野長政がそんな政宗を心配して、遅参すると取り返しのつかないことになるぞ、と忠告を与えたという。

ここに至り、政宗は自分がとてつもない巨大な敵に刃向かったことを悟り、秀吉への臣従を観念する。ところが、その直後に実母から毒を盛られ、床についてしまう。どうにか快復したものの、弟小次郎を殺害せざるを得なくなるという伊達家内紛などもあって、小田原着陣が大幅に遅れてしまう。このとき、政宗は処罰覚悟で秀吉の前に死に装束であらわれた話はよく知られるところだ。しかし、ここは家康の取りなしもあり、どうにか会津領の没収だけで事なきを得ている。

奥州の覇王といっても、秀吉から見れば一地方大名に過ぎない。そして、地方にあっては中央（京都周辺）の情勢に疎《うと》くなるのは致し方ない。現代のような情報化社会と違うのだ。破竹の勢いで奥州を統一した政宗といえども、その向こうにある秀吉を取り巻く中央の情勢を正確に見通すことは不可能だった。

実力者の武田信玄や上杉謙信にしても、あと一歩の所で天下取りを逃した要因は地の利の悪さにあったと言ってよい。逆に、織田信長があれほど短期間に天下統一を果たしかけたのは中央に近い所にいたからである。奥州といえば、信玄や謙信よりさらに遠方だ。単に、秀吉と政宗の将器の差が勝敗を分けたと断じるのは政宗に対し酷というものであろう。

さて、政宗が天下を掴みかけた、二度目の好機について話題を移そう。それは、徳川幕府の揺籃《ようらん》期にあった。天下分け目の関ケ原合戦と大坂の陣も終結し、家康は自分の後継者に秀忠を据え、徳川氏による長期政権樹立の基礎固めに腐心していた。家康は政宗の存在が気がかりだったようで、味方に引き入れる配慮を欠かさなかった。自分の六男忠輝に政宗の娘を娶らせ姻戚《いんせき》関係を結んだのもその表れだ。

一方、このころの政宗には天下取りの野望が再びむくむくと頭をもたげてきていた。というのも、当時、徳川家の身内には様々な火種がくすぶっていたからだ。秀忠の息子（家光と忠長）同士で家督をめぐる暗闘が始まっており、さらに、越前の松平忠直（家康の孫）は大坂の陣の論功行賞に対し露骨に不満を訴えていた。そこで、政宗は女婿《じょせい》の忠輝を抱き込んで最後の天下取りを目論んだのである。

証拠がある。政宗は幕府に内密で（異説あり）、家臣・支倉常長《はせくらつねなが》を欧州に派遣しているが、これが天下取りの布石だという。この「慶長遣欧《けんおう》使節団」には謎が多く、政宗がなにを目的としていたのか、史家の間でも意見が分かれるが、近年、政宗が当時強大な軍事力を誇るスペインと同盟を結び謀叛を起こそうとしている——といった内容の史料がローマで発見され論争を呼んだ。

発見したのは大泉光一氏。この史料は当時仙台で布教活動を行っていたイエズス会宣教師ジェロニモ・デ・アンジェリスの書簡で、アンジェリスがどこまで政宗の真意を汲み取っていたか不明だが、政宗のひめたる野望をしのばせる興味深い史料といえる。

しかし、政宗のこの野望はついに結実することがなかった。政宗の不穏な動きに警戒色を強めた家康は松平忠輝に対し、日ごろの不行跡を理由に閉門蟄居《ちっきょ》（のち改易）を命じるという先手を打ったのだ。政宗は家康に処分の取り消しを懇願したが、家康は一切受け付けなかった。

天下取りの大事なパートナーと定めた忠輝が失脚したことで、ここに至り、政宗は自らの野望が完全に潰《つい》えたことを痛感したはずだ。この事件以後、政宗は徳川幕府への忠勤と領国経営に励むようになる。晩年は食道楽に凝るなど悠々自適の日々を過ごした。一六三六年六月二十七日、三代将軍家光の見舞いを受けた三日後、江戸屋敷で没した。享年七十。

政宗にとって、家康の長寿こそが天下取りを阻む最大の障害であった。もしも、家康が関ケ原合戦の前後に寿命が尽きていたなら、政宗は天下を掌握していたかもしれない。それだけの実力も人望も兼ね備えた名将であった。如何《いかん》せん、政宗は歴史の表舞台に登場するのが遅きに失した。

政宗はあるとき家臣に「あと二十年早く生まれていれば…」とふとつぶやいたことがあったという。きっとその言葉の後でこう続けたかったに違いない。

わしなら秀吉や家康にけっしてひけをとらなかった——と。

同志に粛清の刃をふるった「新選組」の〝血の臭い〟を当事者目線で読む

幕末から維新期にかけての動乱期、特異な武闘集団が京都で活躍した。幕府の手先となって京都の治安維持活動に当たった「新選組」である。

昭和に入るまで新選組に対する世間のイメージは最悪だった。いわく、幕府の飼い犬となった殺戮《さつりく》集団、明治維新の到来を遅らせた元凶……など負のイメージばかり先行していた。明治、大正のころは新選組関係者やその身内のほとんどは自分がそうであることを一切口外しなかったという。

その負のイメージがガラリと様変わりしたのは、昭和に入って子母沢寛《しもざわかん》が『新選組始末記』などいわゆる「新選組三部作」を発表してからだ。さらに終戦後、司馬遼太郎などが新選組を題材にした小説を次々と世に出し、その小説をもとに映画やテレビドラマが制作されるに及んで、新選組は負け戦になることを覚悟で若い命を潔く散らした尽忠報国のヒーローと位置づけられるようになった。

つまり、新選組は恐怖の人斬り集団という側面と憂国の情篤き忠義の集団という側面をあわせ持っていたことになる。一体、どちらの評価が正鵠《せいこく》を射ているのであろうか。さらにまた、なぜあれほど多くの同志を粛清しなければならなかったのか。彼らの軌跡を追いながらそのあたりを検証してみよう。

新選組の前身である壬生《みぶ》浪士隊の結成は一八六三年二月、そして鳥羽・伏見の戦いで敗北し生き残った近藤勇らが江戸へ逃げたのは一八六八年一月のこと。つまり、新選組の京都での活動は丸五年ほどということになる。

この五年間、新選組の厳しい取り締まりによって市中の平穏はどうにか保たれた。その代償として、多くの人々の血が新選組の刃によって流されたことは言うまでもない。しかし、新選組が一体どれだけの数の尊攘討幕派を血祭りにあげたのか分かっていないものの、それ以上に「士道不覚悟」の名目で殺された同志の数がはるかに多かったとみられている。

後年、新選組の生き証人となった永倉新八が、板橋の近藤勇処刑地跡に慰霊碑を建立したが、戦死者のほかに病死・変死・刑死・切腹した隊士として約七十人の名前を刻んでいる。新選組研究者によると、この七十人の中で粛清されたと思われる隊士は四十人近くにもなるという。

新選組による内部粛清事件で有名なのが、芹沢鴨《せりざわかも》一派を葬ったときと、伊東甲子《かし》太郎《たろう》とその配下（「高台寺党」と呼ばれた）を抹殺したときである。

前者は和暦で文久三年（一八六三）八月の政変、通称「八月十八日の政変」（長州藩ら尊王攘夷派が京都から追放された事件）直後に起こった。九月十八日（十六日説もあり）の深夜、宿舎である壬生の八木邸の自室に就寝していた芹沢鴨が何者かに襲われ、落命する。暗殺者の正体は分からずじまいだったが、近藤勇を含めた土方歳三、沖田総司ら近藤派の犯行であることは誰の目にも明らかだった。

この当時は新選組の揺籃《ようらん》期で、近藤と芹沢はともにヘゲモニー（主導権）をめぐって水面下で争っていた。芹沢という男は豪胆な半面、狂気じみた粗暴さがあり、芹沢が新選組を掌握してしまえば組織の未来はないと近藤らは危惧《きぐ》し、このたびの凶行に及んだものだった。

伊東甲子太郎の高台寺党を掃討したのは一八六七年十二月十三日のことだ。新選組の最晩年期に起こった何とも血生臭い事件だった。

伊東は智勇を兼ね備えた美丈夫で、熱烈な尊攘論者でもあった。自分が開いている剣道場の門弟数人を引き連れ、新選組に加入したのは一八六四年十一月ごろである。対面して伊東の人物に惚れ込んだ近藤は、いきなり伊東を参謀の座に据えた。これは近藤、土方に次ぐ新選組ナンバー3の地位だった。

新選組が京都の人々から血に飢えた狼集団と恐れられていることに常々不満を持っていた近藤は、教養豊かな伊東が加わったことで「箔が付いた」と大いに喜んだ。ところが、やがて伊東が諸藩の志士と交わり勤皇活動に精を出すようになったため、近藤らと対立。そして、伊東が同志を募って新選組を抜けようとしたことから、近藤は配下に命じて伊東を油小路の本光寺門前において惨殺した。

その後、伊東の死体を回収に来た高台寺党七～八人を永倉新八、原田左之助らが隊士二十人で待ち伏せし、これを殲滅《せんめつ》する。翌朝、現場には手指が数十本も飛び散り、周辺の家の壁には血まみれの肉塊《にくかい》がいくつも張り付いていたという。まことにむごたらしい光景であった。

近藤はこの事件について「土佐藩が下手人である」と周囲に憤慨して見せたが、そんな言い逃れを信じる者は誰一人いなかった。京都の人々は新選組の内訌《ないこう》（うちわもめ）であると確信し、いよいよ新選組を恐れたという。

このように新選組の京都における五年間は「血の粛清」の日々であった。近藤と土方はなぜこれほど多くの同志を殺さなければならなかったのか。その答えは新選組の構成員が増えすぎたことによる組織の引き締めを図ろうとしたからにほかならない。

新選組は全盛期には近藤勇以下、約百五十人の隊士を数えた。むろん、一人一人、生国や入隊前の身分、思想も違っていた。これだけ雑多で血気盛んな若者たちを一つに束ねるのは並大抵ではない。

ときには伊東甲子太郎一派のように近藤らの命令に従わない異分子がまじることもあったろう。近藤らは異分子の影響がほかの隊士に及ぶことを最も恐れた。そこで、被害が大きくなる前に粛清の刃をふるったのである。

また、隊士らは役目柄、刃の下をくぐる日々の連続である。極度の緊張感に耐えかね、脱走を図ろうとした者もいたはずだ。そうした脱落者が出ることは新選組全体の士気を乱す原因ともなる。そこで脱落者が出るたびに「士道不覚悟」の名のもと、切腹させたり斬殺したりしたのである。

近藤と土方がもしも現代に蘇ったなら、こうした粛清は組織を守るために仕方なくやったことで、何も好き好んで仲間を斬ったわけではない、と抗弁するに違いない。しかし、彼らが組織を守ろうとすればするほど粛清の機会は増えていき、新選組は非情な殺戮集団として後世に名を残す皮肉な結果となった。

冒頭で述べたように、確かに新選組は幕府の飼い犬となった人斬り集団であった。これは間違いない。しかし、巨大な新勢力に抗《あらが》いながら倒れようとする徳川幕府を、命を賭《と》して支えようとしたのは紛れもなく彼らであった。戊辰《ぼしん》戦争において奥羽、箱館と最後まで転戦した土方の愚直なまでの行動にそれがよく表れている。そこにわれわれは「忠臣蔵」に相通じる滅びの美学を感じ取るのである。

近藤や土方のアナクロニズムを笑うことはたやすい。しかし、一つの目標を貫いて散っていった男たちの生き様はなんとすがすがしく、美しいことか。これはもはや理屈ではないのだ。

箱館戦争で敗北したのち、新政府に出仕した榎本武揚の真意とは

およそ七カ月間、箱館（函館）・五稜郭《ごりょうかく》に立て籠もっていた榎本武揚《えのもとたけあき》率いる旧幕府軍が、攻め寄せる新政府軍に無条件降伏を申し出たのは、明治二年（一八六九）五月十八日のことである。これによって、前年一月に鳥羽・伏見の戦いで幕を開けた戊辰《ぼしん》戦争もようやく終結。徳川幕府の影響力は完全に日本全土から消滅した。

旧幕府軍の最高責任者で「蝦夷《えぞ》共和国総裁」を名乗っていた榎本はただちにその身柄を東京へ送られ、取り調べののち、牢獄に繫《つな》がれることとなる。このとき、榎本は三十四歳。反乱軍の首魁《しゅかい》だけにすぐに死刑になるものと思われたが、なぜかそうはならず、それどころか二年半後に釈放され、明治新政府に出仕したものだから、世間があっと驚いた。

御維新を迎えたとはいえ、「武士は二君に仕《つか》えず」の考え方がまだ色濃く残っていた時代だ。榎本の徳川政権から明治政権への変わり身の見事さに人々は、旗本の

面汚し、変節漢、裏切り者……等々、辛らつな非難を浴びせた。確かに榎本は新政府方からすれば朝廷に盾突いた逆賊であり、徳川方からすれば二君に仕えた裏切り者であった。まさに八方ふさがりの状態で、当時、これほど世間から悪い印象を持たれた人物も稀である。

そののち、榎本は海軍中将兼特命全権ロシア大使や清国大使、さらに逓信《ていしん》、農商務、文部、外務などの各大臣職を歴任、明治政府の中枢にあってその才能を遺憾無く発揮し、わが国の近代国家の成り立ちに貢献した。明治四十一年、七十三歳で天寿を全《まっと》うしたが、榎本自身、維新のときの心変わりについて人に語ったり記録に残したりすることはついになかった。あの世へまで持っていった変節の動機とは一体どんなものだったのだろうか。

榎本武揚は天保七年（一八三六）八月、江戸・下谷御徒町《おかちまち》に生まれた。生粋《きっすい》の江戸の下町っ子で、生涯、巻き舌のべらんめえ口調が抜けなかった。父円兵衛は直参旗本で幕府天文方《てんもんかた》に出仕していた。伊能忠敬《いのうただたか》に師事し、『大日本沿海輿《よ》地全図』の製作にも参加した当時一流の学者である。そんな父の影響で武揚は早くから学問に親しみ、持って生まれた才能に磨きをかけた。

昌平坂学問所で儒学を、江川太郎左衛門からオランダ語を、中浜（ジョン）万次郎から英語を学んだ。また、幕府が長崎に海軍伝習所を開くと、二十歳で入所し、造船や航法、測量など最新の学問を身につけた。二十七歳の時にはその優秀さが認められ、幕府留学生としてオランダに渡る。

一八六七年、五年間の留学生活を終えた榎本は、かねて幕府がオランダに発注していた軍艦・開陽丸に乗って帰国、ただちに幕府海軍の軍艦奉行を命じられる。当時、国内六十余州を見回しても、榎本ほど最新の学問を身につけた人物は二人といなかった。言語は蘭、英、仏、露語を自在に操り、さらに国際法、機械、気象、地質、鉱物などあらゆる学問と航海術を貪欲に吸収していた。周囲の人たちはそんな博覧強記《はくらんきょうき》ぶりから榎本を「歩く百科全書」と形容したのもうなずける。

しかし、榎本の学問は治世にあってこそ生きる性格のものだった。やがて、時勢の歯車は榎本を予期せぬ方向へと導くことになる。

慶応四年正月の鳥羽・伏見の戦いで幕府軍が敗れると、榎本は幕臣による蝦夷地（北海道）開拓を陸軍総裁・勝海舟に提案している。榎本が蝦夷に目を向けるきっかけとなったのは、十九歳のとき、幕府に命じられて行った蝦夷・カラフト探検である。かの地をくまなく踏査し、地理や地質などを調べ上げた榎本は自然の豊かな大地が手付かずの状態で眠っていることにいたく感動し、以来、その魅力のとりことなっていたのである。

榎本は、いまや徳川の禄を失った旧幕臣たちの生活の新天地はこの蝦夷にしかないと判断し、大鳥圭介《けいすけ》や新選組生き残りの土方歳三《ひじかたとしぞう》らとともに八隻《せき》の艦隊を率いて蝦夷に上陸、そのまま箱館に立て籠もった。榎本の狙いは、徳川家の血を引く人物を主と仰ぎ、旧幕臣による「蝦夷国」の建設にあった。

ところが、新政府軍の猛攻撃の前にその夢も空しくついえた。榎本は総大将としての責任を感じていたのであろう。幹部を集め、降伏することを申し渡した箱館戦争最後の夜、密かに自決を試みている。しかし、すんでのところで部下に発見され、事なきを得た。

江戸に護送され、獄に繋がれた榎本は、だれが考えても逆賊として死刑になるはずであった。ところが、そこに思わぬ助け舟が現れる。箱館戦争で榎本と戦った新政府軍参謀・黒田清隆《きよたか》だ。黒田は薩摩藩の出身で西郷隆盛の同志の一人。維新後、新政府で要職を歴任し、首相にもなったほどの人物だ。つまり、榎本はかつての仇《きゅう》敵《てき》から助命されたわけである。

黒田が榎本の助命を思い立ったのは、箱館戦争でのある出来事がきっかけになっている。五稜郭落城の数日前、黒田が榎本ら籠城軍に降伏を呼びかけたところ、榎本は断りの返事とともに、フランス語で印刷された法律書『海律全書』を添えて黒田に贈ったことがある。

その法律書は榎本がオランダ留学中に入手したものだった。添え書きには「いまの日本には貴重な本であり、戦火で失われるのは惜しい。あなたに差し上げたい」とあった。黒田はこの期に及んで国の将来を憂える榎本の私心の無さに感激し、酒樽を贈って返礼とした。まさに、士《もののふ》は士を知るであった。

黒田が榎本の助命運動を展開したのは、このときの感動が大きかったからといわれている。黒田は西郷をはじめ大久保利通や木戸孝允《たかよし》らを訪ね歩くと、「榎本ほどの逸材を葬ることは国家の損失である」と説得した。やがて、黒田のこうした努力が実を結び、榎本は特赦《とくしゃ》によって出獄する。明治五年一月のことだ。

その後、榎本は黒田に請われて新政府に出仕すると、北海道開拓使を皮切りに、まさに水を得た魚のごとく己の才能を縦横に発揮し、国の内外で活躍した。そんな榎本に対し、陰で「変節漢」呼ばわりする者は少なくなかった。しかし、榎本はそうした悪い評判に一切耳を傾けず、仕事一筋に邁進した。

後年、福沢諭吉が勝海舟と榎本の二人に、公開書簡を送ったことがある。福沢は書簡の中で、元幕臣たるもの、やせ我慢をしてでも新政府とは距離をとったほうがよいと忠告したのだ。これに対し、勝は返事をはぐらかしたが、榎本は書簡に目を通すと、途端に顔を真っ赤にして激怒したと伝えられる。江戸っ子・榎本のまっすぐな性格を端的に表した逸話として興味深い。

榎本という人物は人一倍情にもろい性格だった。母親を大事にし、妻にも優しかった。例えば、ロシア駐在時代、異国の地から日本にいる多津夫人宛に愛情とユーモアにあふれた手紙を何度も書き送っている。また、美男ゆえに女性に騒がれることも多かったが、生涯、夫人以外の女性に目を向けることはなかった。明治の元勲には勝や伊藤博文のように発展家が多く、榎本は稀有《けう》の存在である。

榎本は新政府に出仕を決めた理由を人に一切語らなかったため、その心境の変化は永遠の謎だが、黒田清隆に対する恩義が引き金になったことは間違いない。昨日までの敵が自分を助けるため頭を丸めてまで助命工作に奔走してくれたことを知り、感激屋の榎本はきっと涙をこぼしたに違いない。

出獄の際も、おそらく黒田は榎本に対し「幕府といえば国家も同然、その国家の費用で留学までさせてもらって身につけた学問をここで朽《く》ち果てさせるのは大不忠である」とでも言って説得したとみられている。榎本はこの説得に折れ、変節漢のそしりを覚悟の上で、大義のため私情を押さえ込んだのであろう。

榎本はその官吏・政治家としての活動中、猟官運動は一切しなかった。すべてがその有能さ・誠実さゆえに人から望まれ、起用されたものだ。薩長土藩出身以外でこれほど重用された人材も他に無い。また、当時の元勲たちが晩年、こぞって回想録を発表し、自分に都合の良いように経歴を粉飾するのが通例だったが、榎本はそれにも無関心だった。学問や仕事の面ではこれほど有能な人物もいなかったが、世渡りは器用なほうではなかったようである。

榎本の晩年は、生活に困窮した旧幕臣たちの救済活動に明け暮れた。旧幕臣関係の団体をいくつもかけもちし、官吏・政治家だったころ以上に多忙な日々を過ごしたという。

征韓論を訴えた西郷隆盛が、そのとき、本当に伝えたかったこと

明治六年（一八七三）の夏以降、政府内では「征韓論《せいかんろん》」の是非をめぐって火花を散らしていた。

推進派は西郷隆盛をはじめ板垣退助、後藤象二郎、江藤新平、副島種臣《そえじまたねおみ》らで、反対派は大久保利通《としみち》、木戸孝允《たかよし》、岩倉具視《ともみ》らであった。特に同じ薩摩出身の西郷と大久保は激しく対立、敗れた西郷は官職を辞して下野《げや》し、のちの西南戦争における不幸な最期へとつながる。これがいわゆる「明治六年の政変」である。

だがなぜ、西郷ほどの人物が「征韓」などという乱暴なことを主張したのだろうか。これこそ大西郷の生涯唯一の汚点であるという人もいる。一体、西郷の真意はどこにあったのだろうか。

それについて語る前に、まず、当時の日本と朝鮮の関係から説明しよう。

朝鮮との交際は江戸幕府の鎖国政策時代にも続いていたが、欧米列強の圧力に屈

して通商条約を結んだ幕府に対し、朝鮮は国交断絶を通告してきた。日本同様、鎖国政策を続けていた朝鮮にとって、外国と交際を始めた日本とはもう付き合えないという判断だった。

この朝鮮からの通告に対し、幕府はなんら手を打たなかった。国内に問題が山積し朝鮮外交どころではなかったのだ。その後、明治政府が樹立されると新政府は朝鮮との交際を復活させようとしたが、朝鮮政府は頑《かたくな》に拒否の態度を示した。

明治政府はこれに怒り、高官の中には「即刻朝鮮を討伐《とうばつ》すべし」との征韓論を唱える者も出てきた。明治三年四月ごろである。

ところが、当時の最重要課題は廃藩置県であり、征韓論は一時棚上げ状態となった。政府は廃藩置県を実行するため郷里薩摩に帰農していた西郷に出仕を要請する。西郷の力が不可欠だったのだ。

そして廃藩置県を成し遂げると、岩倉をはじめ大久保、木戸ら政府要人は洋行へと旅立ってしまう。廃藩置県の反動で社会不安の心配があったにもかかわらず、その留守を西郷らに押し付けた形となった。

それでも西郷を中心とした「留守政府」は精力的に政務をこなした。ところが、明治六年五月、朝鮮側から侮蔑的な行為があったとして現地で日本と朝鮮との間で一触即発の危機が生じる。そのため翌月、閣議で初めて正式に朝鮮問題が諮《はか》られることになった。

閣議では板垣退助が即時朝鮮出兵を進言したが、西郷は反対する。西郷はあくまで対話による平和外交を主張し、自らが朝鮮への全権大使になるとまで言い出したのである。

死地に赴いて活を求め、誠実をもって話し合えばかならず相手に意は通じるというのが西郷の信念であった。第一次長州征討のときも、江戸城開城のときも実際そうであった。朝鮮問題の解決もまた自分しかできないと思っていたのだろう。

ほかの参議が、政府の首班である西郷にもしものことがあっては大変だからと一様に難色を示したが、西郷は自分が行くと決意を曲げなかった。そこに洋行から帰った岩倉と大久保が待ったをかけた。再び閣議を開き、西郷の朝鮮派遣に反対意見を述べたのだ。

いま朝鮮に行けば戦争になるであろう。現状ではわが国に外国と戦争をする力がない。それゆえ朝鮮使節派遣は延期すべきである、と大久保らは主張した。ここで興味深いのは、大久保らは西郷が朝鮮に乗り込めば戦争になるはずと予想していたのに対し、西郷のほうはあくまで平和裡に説得するために朝鮮へ行こうとしていたという両者の違いだ。西郷は朝鮮を脅したり挑発したりするために訪朝しようとしていたわけではなかったのである。

こうして西郷と大久保の間で大論戦が展開されたが、最終的には身を挺して国家の非常事態に当たろうとする西郷の熱誠に閣僚らの心は動かされ、西郷の朝鮮使節派遣が決定した。

ところが、土壇場になって内政優先を主張した岩倉の豪腕により、この朝鮮使節派遣はにぎりつぶされてしまう。こうして西郷は野に下るのである。

この明治六年の政変、いわゆる征韓論争は西郷ら外征派（朝鮮を征伐する派）と大久保ら内治派（内政を優先する派）との論争であったとされるが、それは的外れな見方であろう。西郷は朝鮮を武力侵攻すると一度も言ったことはない。むしろ板垣らの兵隊派遣策に反対するなど平和的使節の派遣を望んでいたのだ。

一方、内政を優先させるべきと主張した大久保、岩倉らがその後にしたことは何であったか。明治七年には台湾に侵攻し、翌八年には朝鮮と江華島で交戦。さらに兵威をもって朝鮮を屈服させ、修好条約を強引に結ばせている。大久保らがいう内政優先とはほど遠いことが分かる。

そうなると、大久保らはこのふってわいた征韓論争を、西郷を中央政府から追い落とすために利用したのではないか。廃藩置県もなり国が治まりかけたいま、西郷という巨大なカリスマは官僚政権にはかえって邪魔になるだけで、かねてから失脚の機会をうかがっていたのかもしれない。

西郷が下野したのは西郷の側に非があったからで、自分たちが正しい——大久保らはそれを世間にアピールしたいがために、後年、西郷を征韓論の首魁《しゅかい》と決め付け、殊更悪者に仕立てたともみえてくるのである。

第5章　その「悪い噂」には裏がある

乱世の梟雄・松永久秀がなした「人のやれぬ三つのこと」の裏を読む

松永久秀《まつながひさひで》といえば戦国乱世を象徴する武将だ。日本史上、どんなに悪党と呼ばれた人物でも、よくよく生涯を洗い直せばきっとどこかに情状酌量《しゃくりょう》の余地があるものだが、この松永久秀に限ってはそのかけらさえ見出せないと言われている。

そんな大悪党と妙にウマが合ったのが、織田信長である。久秀は信長の家来になったことさえあった。ある年の正月、岐阜で年賀の集まりがあった際、信長は徳川家康に、そこにいる久秀を指して、

「この男は人のやれぬことを三つもやった。自分の主人を殺し、将軍を滅ぼし、さらに東大寺の大仏殿を焼き払った。実に大した男である」

と皮肉を込めて語ったという。この逸話が後世に伝わったことで、久秀はあの信長も驚嘆させたほどの大悪党であるという人物像が一人歩きすることとなった。しかし、史料を丹念に調べていくと、茶の湯に凝り、築城の才にも秀でたなかなかの

文化人だったという一面も見えてきた。はたして、松永久秀の実像とはいかなるものだったのだろうか。

松永久秀の出身や氏素性は一切不明だ。一説に永正七年（一五一〇）生まれとされ、出身地も京都説、阿波《あわ》説など諸説あってはっきりしない。一五一〇年生まれをとるなら、七七年に亡くなっているため享年六十八ということになる。若いころは、油の行商をしていた美濃《みの》の斎藤道三《さいとうどうさん》と似たり寄ったりの小商いを生業《なりわい》としていたらしい。

阿波説に従うと、二十歳前後に阿波細川氏の執事《しつじ》であった三好長慶《みよしながよし》に出仕したという。久秀には生来、文筆の才と弁舌の巧みさが備わっていた。次第に頭角を現し、長慶の右筆《ゆうひつ》（今日でいう秘書）を務めるまでになった。そして、長慶が畿内の実権を握ると、久秀は京都所司代に任命される。以来、久秀と足利十三代将軍義輝《よしてる》との間で激しい暗闘が展開されることとなる。

一五六三年八月、長慶の一人息子である義興《よしおき》が二十二歳の若さで急死する。翌年五月には長慶の弟で三好家の重鎮である安宅冬康《あたぎふゆやす》が謀叛《むほん》の疑いを受け、長慶の家来によって斬り殺されるという事件が起こる。その後、謀叛は根も葉もない噂だったことが分かり、愕然《がくぜん》とした長慶は、義興の死という悲しみもあって床についてしまう。その二カ月後、長慶は悲嘆の涙にくれながら悶死《もんし》を遂げた。

人々は安宅冬康に謀叛ありと長慶に讒言《ざんげん》したのは久秀の仕業で、長慶・義興父子も久秀が密かに毒殺したのではないかと噂しあった。

その後、将軍足利義輝は長慶が亡くなったことを好機ととらえ、三好党の排除に乗り出す。越後の上杉謙信をけしかけ、三好党を葬ろうとしたのである。しかし、その動きをいち早く察知した久秀は三好三人衆（三好政康《まさやす》、三好長逸《ながやす》、岩成友通《ともみち》）と結託し、義輝を暗殺してしまう。一五六五年六月のことである。

こののち、久秀と三好三人衆は権力の座を巡って対立。東大寺大仏殿の焼失はこの時の合戦によるものである。久秀はこのところ台頭してきた織田信長の助力を仰いで三好三人衆を京都から追い払うことに成功すると、以後、信長の配下となる。

ところが、それも長続きしなかった。一五七一年、久秀は甲斐の武田信玄に内応し、畿内で反信長の旗を掲げる。しかし、その二年後に頼みとしていた信玄が亡くなると、久秀の変わり身は素早かった。久秀は信長の前にいけしゃあしゃあと現れ、降伏を申し出たのだ。このときなぜか信長は、久秀の居城は没収したものの帰参を赦《ゆる》している。久秀という武将にまだ利用価値があると見たのであろう。

事実、その後久秀は佐久間信盛《のぶもり》の麾下《きか》に入り、石山本願寺攻めなどで活躍している。しかし、一時はルイス・フロイスから「天下の支配者」と評されたほどの久秀が信長の軍門に降り、あまつさえ陪臣《ばいしん》扱いされてしまったのである。持ち前の反骨心がむくむくと頭をもたげてくるまでにさほど時間は要しなかった。

一五七七年、久秀は再び信長に対し謀叛に出た。しかし、同年十一月、立て籠もった信貴山《しぎさん》城を織田軍に攻められ、自害して果てる。信長垂涎《すいぜん》の名物茶釜「平蜘《ひらぐ》蛛《も》」を懐にかき抱き、爆死したと伝えられる。「乱世の梟雄《きょうゆう》」の名に恥じぬ壮絶な最期であった。

これが一般に知られている松永久秀の波瀾《はらん》に富んだ生涯である。自分を引き立ててくれた主人を殺し、武家の最高権威である将軍を滅ぼし、そのうえ仏に火を放つ――冒頭で述べたように、まさに一片の情状酌量の余地もない悪党ぶりだ。しかし、残された史料をもとに客観的に判断すると、久秀が百パーセントのワルだと言い切れない部分があるのだ。

信長が言った、久秀の三大悪事について検証してみよう。

一つめの三好長慶・義興父子の死にまつわる謎についてだが、毒殺を証明する記録は一切ない。安宅冬康を讒言したことを示す記録も皆無だ。義興のように若くして亡くなると周辺から毒殺の噂が流れるのはよくあることだ。長慶の死にしても、大事な一人息子や頼みとする弟が亡くなって落胆し、病の床に伏すことは何ら不自然ではない。

このことから、三好長慶一族が連続して死んだのは単に偶然が重なっただけかも知れないという見方もできる。短期間に次々と死んだため、そこに何者かの謀略があったと考えてしまうのは誰しも同じだ。お誂《あつら》えというべきか、異数の出世を遂げた久秀という人物がそこにいたため、かねてその出世を妬《ねた》んでいた三好党の者が「あれは久秀の毒殺（あるいは讒言）であった」と言いふらしたのだ――とみる史家もいるくらいだ。

二つめの悪事についても、将軍義輝の暗殺を画策したのは久秀のように言われるが、この時点で久秀はまだ三好の家来であって、やはりイニシアチブをとったのは三好三人衆であったろう。

それが証拠に、二条御所に義輝を襲撃した折、三好党や久秀の子久通《ひさみち》は参加しているものの、久秀自身はそこに加わっていないという。

三つめ。東大寺大仏殿の焼失も久秀の仕業とされるが、これも疑問が残る。そもそも久秀火付け説は『信長公記《しんちょうこうき》』の記述が発端になっているが、この焼失事件について記録したその他の五〜六ある史料は「三好党による失火」で一致している。「鉄砲の火薬に誤って引火」したことから燃え広がったのだという。

大仏殿を燃やしてしまえば久秀自身、世間から仏敵のそしりをまぬがれない。このときの久秀にはそうまでして大仏殿を灰にする必要性はなかったはずだ。

こうして一つ一つ見てくると、久秀極悪人説が少し怪しくなってくる。しかし、これらの事件がすべて久秀の存命中から彼の仕業のように言われ、それで世間が納得したということは、やはり久秀という男は人の寝首《ねくび》を掻《か》くことさえなんとも思わない相当のワルだったに違いない。もしも今、泉下《せんか》の久秀の霊に話を聞くことが適ったとしたら、久秀はきっとこう自らを弁明することだろう。

「信長を見よ、家康を見よ。彼らは皆、人の物を奪ってのし上がったではないか。天下に恥じる気持ちなどわしには毛頭ない」

――と。

「殺生関白」とあだ名された豊臣秀次の隠された実像

豊臣秀吉の後継者といえば、むろん側室淀殿との間に生した秀頼である。しかし、その秀頼が誕生する以前、秀吉の後継と目されていた人物がいた。それが豊臣秀次《ひでつぐ》である。

秀次は一五九一年、二十四歳で関白位を秀吉から譲られた。実子がない秀吉は甥の秀次を養子として迎え自分の後継者に指名したのである。ところが、その数年後、秀吉から突如切腹を命じられてしまう。

切腹の理由は通説では「秀次は性暗愚《あんぐ》にして、しかも謀叛を企てたことによる」とされているが、確かなことは不明だ。しかし、秀次は領民に慕われた名君であったという説があることも事実。はたしてどちらが本当の秀次なのだろうか――。

豊臣秀次は、三好吉房《みよしよしふさ》に嫁いだ秀吉の姉とも（瑞龍院日秀《ずいりゅういんにっしゅう》）の長男である。一五六八年の生まれだ。十六歳のとき、秀吉の一族として賤ケ岳合戦に参加。さらに翌年、小牧・長久手合戦にも加わった。この合戦では秀吉軍と徳川家康軍が対峙《たいじ》し、戦線が膠着《こうちゃく》状態となった。

そのとき、功にあせった若い秀次は家康の留守の間に三河へ侵攻することを秀吉に進言。渋る秀吉から応諾をとりつけると、自身、別働部隊の総大将として三河へ急行した。ところが、百戦錬磨の家康に計画を看破され、途中で追いつかれて手痛い敗北を喫してしまう。命からがら逃げ戻った秀次は秀吉から厳しく叱責されたことは言うまでもない。

一五八五年、十八歳になった秀次は四国平定に出陣。このときの功が認められ、秀吉より近江国四十三万石を賜る。近江八幡に城下町を開いた秀次は楽市楽座の経済政策を推進し、商都・近江八幡の繁栄の礎を築くのである。

碁盤状に町を整える一方、道路や下水溝、琵琶湖につながる水路の整備など町づくりを積極的に進めた。若い秀次がなぜこうまで都市整備に情熱を傾けたのかは謎だが、間違いなくそれまでの戦国大名には見られないタイプの進歩的な大名だった。

こうした秀次の政治はもちろん領民から大歓迎された。近江八幡周辺では四百年が経過した今日でも秀次が「名君」として語り継がれている。そのことがなによりの証拠だ。通説のように「性暗愚」との評価は誤りと考えてよいだろう。

一五九〇年、秀次は小田原北条征伐に参陣する。この合戦では敵方の堅城・山中城（静岡県三島市）を攻め落とすなど目覚しい活躍があり、その功により尾張、北伊勢などを合わせて百万石を賜り、清洲城を居城とした。

翌年、秀吉と淀殿との間の最初の子である鶴松が三歳で夭逝《ようせい》する。落胆した秀吉は秀次を養子とし、関白位を譲って「豊臣秀次」を名乗らせた。住まいも聚楽第《じゅらくてい》へ移らせ、名実ともに自分の後継者と認めたのである。

一五九二年、秀吉は自らの大言壮語を実現しようと朝鮮に兵を送った。秀次はこの「文禄の役」では京都にいて留守を預かっている。

緒戦の勝利に気をよくした秀吉は、後陽成《ごようぜい》天皇に明の帝王になってもらい、秀次を明の関白に、日本の関白には秀次の弟の秀保《ひでやす》を据えようと考えていたという。誇大妄想もここに極まれりである。

翌年八月、淀殿が運命の子・秀頼を出産する。この瞬間、秀次の人生が大きく動くことになった。

秀次は突如乱心する。原因は、秀吉に実子が誕生したことで、自分の関白の座に危機感を抱き、それが高じて精神に異常をきたしたとみられている。秀次は弓・鉄砲の稽古と称して何の罪もない領民を射殺したり、妊婦の腹を裂いたり、殺生禁断の比叡山で鹿狩りを行ったりと、これまでの秀次からは想像もできない狂乱ぶりを露呈する。人々はそんな秀次を恐れ、摂政関白にかけて「殺生関白」とあだ名した。

当然、秀次のこうした乱行は秀吉の知るところとなり、一五九五年七月三日、石田三成が秀吉の使者として聚楽第に赴き、秀次を詰問している。その五日後、秀次は秀吉のいる伏見に召還され、そこで官位を剥奪されて即刻、高野山へ追放されてしまう。そして、同月十五日には「謀叛」の罪により、切腹を命じられる。享年二十八。関白就任わずか四年目の悲劇だった。

その謀叛の内容だが、秀吉が下した蒲生秀行《がもうひでゆき》への改易命令を秀次が勝手に握りつぶしたからとも、あるいは秀次が秀吉に無断で諸大名に対し自分に忠誠を尽くすよう連判状を回したからともいわれ、確かなことは分かっていない。

これらの謀叛説は秀吉方のまったくのでっちあげと主張する声もある。当時、秀次と親しく交際していた公家の山科言経《やましなときつね》はその日記『言経卿記』の中で、「秀次の謀叛はありえないことで、それによって切腹させたのは言語道断である」と憤慨している。

そもそも、秀次が領民を虐待したという出来事も、それを裏付ける記録が信憑性に欠け、きわめて疑わしいのだ。

公家衆との付き合いが深かった秀次は若くして古典籍に親しみ、能や茶道、連歌にも通じた当時一流の文化人であった。血を見ることも好まなかったようで、秀吉に朝鮮侵攻を取り止めるよう諫《いさ》めたこともあった。さらに、近江八幡にいたころ、名君として領民から慕われていたという事実などを勘案すると、秀次の乱心説、あるいは謀叛説はかなり怪しくなってくる。

秀頼が誕生してからの秀次の変貌ぶりについて触れた記録の中で信憑性が高いのは、秀次の喘息《ぜんそく》の治療に当たった曲直瀬玄朔《まなせげんさく》が著した『医学天正記』である。その中で玄朔は「咳が激しく、うつぶせに寝ることもできないほどだった」と記している。この喘息の発作が始まったのは、まさに秀頼誕生の前後という。

このことから秀次が、秀頼の誕生に衝撃を受け、体に変調をきたしたことは疑いないようだ。ときにはいらいらが高じて家臣をポカリとやってしまうこともあったろう。秀吉方はこれをことさら誇張し、秀次が乱心したと騒ぎ立てたのではないだろうか。

第一、切腹の理由が変である。一貫性がないのだ。秀次は最初、「乱行」の罪で目をつけられたはずだ。ところが最終的には「謀叛」の罪で切腹になっている。これをどう解釈したらよいのだろう。このことは、秀次という人物を不当に貶《おとし》める目的であとから謀叛説を強引に付け足したためにこうした矛盾が生じたのではあるまいか。

結論。秀次という存在が、領民から名君と慕われ、一流の文化人でもあったがゆえに、わが子秀頼の最大の障害になると秀吉は怖れ、これを抹殺しようとしたのではないだろうか。どうもそんな気がしてならない。

多淫・乱行の限りを尽くした千姫の噂話の信憑性を検証する

「吉田通れば二階から招く、しかも鹿《か》の子《こ》の振袖で……」と俗謡にまでなったのが、徳川三代将軍家光の姉、千姫である。三十歳で二度目の未亡人となった千姫は女盛りの身をもてあまし、旗本吉田某の屋敷に住むことになるが、ここで生来の多淫ぶりを発揮して夜ごと美男を物色し始めたというのである。

未亡人となった千姫は、まず鉄砲組の磯野源之丞《いそのげんのじょう》という若者にひとめぼれしたが、ふられてしまったため、吉田御殿の高台から往来の男たちを品定めし、源之丞に似た美男を誘い込んでは淫楽の限りを尽くした。そして男に飽きると秘密保持のために斬殺し、井戸に投げ入れていた。

千姫が屋敷に招き入れた相手は通りがかりの若侍から遂には町人小者の類にも及んだ。その評判はやがて八百八町に知れ渡り、御殿門を往来する男子は牡猫《おす》一匹いなくなったという。

千姫によって殺された若者の中に、大工の政次郎という者がいた。政次郎の失踪に疑念を抱いた親方の助五郎が吉田邸に談判に出かけたが、あっさり門前払いをくらう。そこで助五郎は子分を引き連れ、吉田邸の門塀を打ち破って侵入し狼藉《ろうぜき》を働いた。助五郎らは町奉行に捕らえられてしまうが、この事件によって千姫の乱行が発覚しそうになったため、もはやこれまでと千姫は自害して果てる……。

――これがものの本に記された千姫乱行の顚末である。しかし、いくらなんでもこんな馬鹿なことを将軍家御姉君がするわけがなく、もしもそれが事実なら千姫は三十余歳で死んでしまったことになる。だが実際は、二度目の未亡人となった千姫は落飾して天樹院と号し、七十歳まで長生きしているのである。

つまり、「吉田通れば二階から招く」の話は明らかに作り話で、一説には「吉田通れば」は今の豊橋、昔の三州吉田の宿で遊女が客を呼んだ情景を唄ったものであるという。

だが、それにしてもなぜ千姫は色情狂の汚名を着せられることになったのか。そこにどんな謎が秘められているのだろうか。

千姫は、徳川秀忠とお江与の間に長女として生まれた。わずか七歳で徳川家と豊臣家の橋渡しのために豊臣秀頼《ひでより》のもとに輿入《こしい》れしている。ちなみに秀頼の母、淀殿とお江与は姉妹となるため二人はいとこの間柄になる。

一六一四年に大坂の陣が始まり、実家と嫁ぎ先による戦いとなる。翌年、豊臣軍は敗北し、大坂城内に徳川軍が殺到した。このとき城方の大野治長《はるなが》は淀殿・秀頼母子の助命嘆願のために千姫を解放し、家康のもとに送り届けようとする。護衛は堀内氏久《うじひさ》が務めた。

かわいい孫娘が助かったとあって家康は大喜びし、堀内氏久の命を助けるどころか、領地まで与えている。千姫は家康と面会し淀殿・秀頼母子の助命を請うたが、結局、母子は自害して果てる。

その後、千姫は二十歳で桑名城主だった本多忠政の息子、忠刻《ただとき》と再婚する。再婚話は忠政の妻、熊姫が家康に頼んでまとまったものである。こうして千姫は十万石の化粧料持参で本多家に嫁入りした。

その後、本多家は播磨《はりま》姫路に移封になる。千姫は姫路城で約十年間暮らし、息子と娘を一人ずつもうける。しかし、息子の幸千代は三歳で夭折《ようせつ》、それからは流産を繰り返した。秀頼の祟りで後継ぎができないのではと悩んだ千姫は祈祷によって霊を鎮めようとするが、その努力も空しく、三十歳のときに今度は夫の忠刻を病気で亡くしてしまう。

二度目の未亡人となった千姫は自らの不幸を呪ったことだろう。やがて出家を決意し、娘の勝姫と共に本多家を去り江戸へと戻る。そこには弟の三代将軍家光がおり、彼女を温かく迎えている。それからの千姫は江戸の丸竹橋御殿で静かに余生を過ごし、七十歳の長寿を全うしたのである。

こうしてみてくると千姫の生涯に、美男子を誘い込み弄《もてあそ》んだあげく殺したという吉田御殿も、旗本吉田某なる人物も登場しないことが分かる。千姫の乱行は錦絵や浪曲にまでなっているが、いずれも後世の創作だ。丸竹橋御殿での千姫の暮らしぶりは、どこまでも貞淑な未亡人のそれであった。

千姫に万一、後世伝えられるような不行跡があれば、家光が第三子でのちに甲府宰相となる綱重《つなしげ》の養母に千姫を選ぶことはなかったであろう。信頼にたる史料からも千姫は家光をはじめ諸大名から丁重に遇されていたことがうかがえるのである。

では、なぜ千姫乱行の噂が流れたのか。

一つには千姫を担いで豊臣家再興を図ろうとする残党対策のため、あえて悪い噂を広めたという説と、もう一つは秀頼と死に別れてからわずか二カ月余りで再婚した千姫への庶民の皮肉という説がある。史家の間では後者の説が有力視されている。

庶民が上層階級の隠された部分に対して妄想を膨らませるのは今も昔も変わらない。戦国の世に翻弄された健気《けなげ》で美しい女性が、実は男を引き込んで弄んだ末に殺して井戸に棄てるというとんでもない悪女だったと夢想することで、人々はのぞき趣味を満足させ、同時に徳川の家名を汚すことで溜飲《りゅういん》を下げていたのだろう。

その格好の餌食となってしまった千姫こそ哀れである。

春日局が、家光の威光で大奥を支配したというのはどこまで本当か

江戸城大奥に君臨した女傑といえば、三代将軍家光の乳母、春日局《かすがのつぼね》がその筆頭であろう。本名をお福といい、明智光秀の家臣（斎藤利三）の娘として生まれたお福は、逆賊の娘であったため不遇な少女時代を送っている。

ところが、竹千代（のちの家光）の乳母となってからは運命が大きく好転、お福は実母も及ばない溺愛ぶりを発揮して竹千代を養育した。さらに将軍継嗣問題に暗躍して対抗馬を葬ると、今度は家光の威光を笠にきて大奥を支配、国政にも大きな影響力を及ぼすほどの存在となる。まさに、春日局こそは自らの権勢欲を満たすため家光を利用してなりふり構わず成り上がった大奥伏魔殿を象徴する悪女である。

——これが一般に語られている春日局の人物イメージだ。しかし、こうした先入観なしに春日局の人生を丹念にたどると、少し別の顔が浮かび上がってくる。

お福が竹千代の乳母に抜擢《ばってき》されたのは二十六歳のときだ。お福はこの三代将軍と

して最有力の竹千代に対し、ありったけの愛情と情熱をそそいで養育した。やがて、そんなお福に最大の危機が訪れる。将軍継嗣問題が表面化し、竹千代の将軍就任の目が危うくなったのである。

というのも当時の本命は家光ではなく、弟の国松のほうに移りつつあったからである。家光の父は二代将軍秀忠、母は淀君の妹お江与の方であり、二人の間には三男五女があった。長男の長丸は夭逝《ようせい》、二男が竹千代で、三男が二歳違いの国松（のちの駿河大納言忠長）である。この二人の兄弟が将軍職を争うことになった。

当時はまだ長子を後嗣とするルールが確立していなかった。例えば、秀忠にしても家康の三男であり、武勇に優れた次兄秀康を押しのけて将軍の座に就いている。家康は天下平定後のことを考え、武将型の秀康よりは文吏型の秀忠を選んだ。年齢の順よりも適任者を後継者とする戦国期の価値基準に従ったのである。

それでは竹千代と国松のどちらが将軍職の器だったか。記録によると、明らかに国松のほうが適任だった。兄の竹千代はおっとりとして、悪く言えば無口で愚鈍《ぐどん》、そのうえ病弱。一方、国松は色白でかわいらしく、いかにも利発そうな子だった。

お江与の方自身、竹千代よりも国松を愛した。竹千代の乳母お福とそりが合わず、それが原因でお福が育てた竹千代を疎《うと》んずるようになったらしい。二人が成長するにつれ、お江与の方はいよいよ国松のほうを溺愛し、父の秀忠もお江与に引きずられるように国松のほうを可愛がった。

こうした空気は確実に周囲にも伝染するもので、将軍夫婦は竹千代を疎んじ、国松を可愛がっているという噂は大奥から徳川家中に、さらには諸大名家にまで広がった。国松を三代将軍にという気運はこうして高まっていった。

お福はこのままでは世継ぎの座が国松に奪われてしまうと危機感を抱き、何とも大胆な行動に打って出る。江戸城を抜け出し、駿府に隠居中の家康に直訴することを考えたのだ。しかし、当時は「入鉄砲・出女」の規制が始まったころで、女性が勝手に江戸を出ることは厳禁だった。そこでお福は伊勢参りに行くという口実を思いつき、江戸を出ると、そのまま家康のもとへ駆け込んだのである。

この一か八かの直訴の甲斐あって、一六一一年十月、家康は江戸にのぼり、秀忠夫婦の前で「竹千代が正しき世継ぎである」と宣言する。この家康の鶴の一声で竹千代が将軍家を継ぐことになったのであった。

しかし考えてみれば、お福はたかだか乳母に過ぎない。将軍家の世継ぎ問題に口を挟むとは出過ぎた振る舞いも甚だしい。ましてや家康に直訴するなど男子であれば切腹ものであろう。一体、お福はどんな手を使ったのだろうか。

一説によれば、家康から信頼を得ていた側室お梶の方に事前に話を通していたと言われ、さらに、国松に対する秀忠夫婦の偏愛ぶりを細かく記録し、天海僧正を通じて家康のもとに差し出していたという。

家康にすれば、徳川政権の行く末を考え、世継ぎをめぐる対立・抗争の芽だけはどうしても摘んでおかなければならなかった。そのため三代目からは後嗣には嫡出子（正妻の子）で長子を優先するというルールを確立し、長幼の序列を正そうとしたのである。したがって、たとえお福の働きかけがなくても家康は竹千代を世継ぎにするつもりだった。しかし、お福の直訴が家康をして決定的にそう踏み切らせるきっかけになったことは確かだろう。

いずれにしろ、こうして竹千代の将軍継嗣が決まった。竹千代——家光は一六二三年、二十歳で正式に将軍に就任。その三年後にお江与の方が亡くなると、家光の信任を得たお福は大奥を一手に掌握する。それだけでなく、お福の息子正勝をはじめ元夫の稲葉正成やその一族までも取り立てられている。自分を将軍にした陰の立役者――その大恩があったからこそ家光はお福に報いたのである。

少年時代は周囲から愚鈍と見下されていた竹千代だが、将軍就任後は名君と言われるほどの為政者に成長し、徳川幕府を盤石なものとした。お福の養育方針に間違いはなかったのである。

さらに四代将軍は家光の長男家綱に引き継がれるが、ここでも陰の功労者はお福であった。若いころの家光は男色にふけり女性に興味を示さなかったからだ。そこでお福は女性選びに心を配り、並みの女性では駄目と尼僧や身分の低い女性を勧めるなどして嫡子誕生に腐心している。

後継者（子）を成すことが最大の仕事であった大奥。お福はそこで六十五歳で亡くなるまで約四十年間にわたって君臨、大奥の組織やしきたりを整え、その基礎を築いた。家光かわいさから始まったこうした大奥の整備が結果的に徳川幕府をのちの世に存続させるバックボーンになるとお福ははたして気付いていたのだろうか。

江戸時代、将軍に近い立場で国政に口を出した女性は綱吉の生母桂昌院、家斉の側室お美代の方などの例があるが、概して国を傾けるような関与の仕方をしているのに対して、お福――春日局の場合は幕府の基礎作りに貢献した稀有《けう》な例である。

吉良上野介が悪人として名を刻まれるようになった理由

仮に「古今悪党ランキング」というアンケート調査があったとしたなら、間違いなくトップにくるであろう人物、それが赤穂《あこう》事件の敵役、吉良上野介《きらこうずけのすけ》である。この三百年というもの上野介は芝居や小説、映画などによってさんざん悪者扱いされてきた。もはやわれわれ日本人の遺伝子に上野介、イコール悪党という情報がすりこまれているのではないかとさえ思えるほどである。

吉良上野介はなぜここまで人々のそしりを受けなければならなかったのか。上野介は本当にそれほどの悪人だったのだろうか。ここは芝居の「忠臣蔵」から離れて、史実から見えてくる真の吉良上野介像を探りながら、三百年間、積もりに積もった彼の言い分に耳を傾けてみたい。

吉良上野介義央《よしひさ》は寛永十八年（一六四一）、三代将軍家光の治世に江戸で生まれた。祖父・義弥《よしみつ》の代より高家と呼ばれる幕府の礼式を司《つかさど》る家柄であり、吉良家はその中でも筆頭格であった。先祖をたどると足利氏の祖（義康《よしやす》）にいきつくという名門で、三河国幡豆《はず》郡吉良庄などを領地とし、合計四千二百石を頂いていたが、石高以上に内証は裕福だった。また、将軍家や紀州徳川家などの有力大名家とも縁戚関係にあり、権勢を恣《ほしいまま》にしていた。

上野介は十三歳で幕府に出仕し、日光東照宮への代参、朝廷年賀への将軍名代などを若いながらも無難につとめ、将軍家から信任を勝ち得ていった。十八歳で米沢藩主上杉定勝の娘・富子を娶《めと》り、これ以後、上杉家と懇意になる。

二十四歳のとき、上杉家の嫡男が病没すると長男・三郎（綱憲《つなのり》）を上杉家養嗣子として相続させた。のちに綱憲の次男・左兵衛義周《よしちか》（つまり上野介の実孫）を吉良家の跡取りとしてもらい受けている。

上野介は典礼に詳しく、公家を殿中に接待する折には有職故実《ゆうそくこじつ》の指南役として諸大名にも尊大な態度で接したという。その上野介の尊大さがやがて悲劇を生むことになる。

元禄十四年（一七〇一）三月十四日、江戸城において天皇の勅使《ちょくし》を迎え、大切な儀式が執り行われようとしていたこの日、勅使饗応《きょうおう》役を命ぜられていた播州《ばんしゅう》赤穂藩主・浅野内匠頭長矩《たくみのかみながのり》が松の廊下で突然、指南役の上野介に斬りかかった。

内匠頭は即座に周囲の武士に取り押さえられたため上野介は軽傷を負っただけで済んだが、殿中《でんちゅう》はまさに蜂《はち》の巣をついたような騒ぎとなった。これを聞いてかんかんに怒ったのが、五代将軍綱吉《つなよし》だ。綱吉は幕府の最高裁判所とも言うべき評定所《ひょうじょうしょ》を開くこともせず、即日、内匠頭を切腹させてしまう。一方、刀を抜いて応戦しなかった上野介のほうは「神妙である」としてお構いなしとなった。

主君内匠頭の不始末によって赤穂藩五万三千石は断絶となり、筆頭家老・大石内蔵助良雄《くらのすけよしお》ら藩士はその日から路頭に迷うことになった。

江戸市中はしばらくはこの刃傷《にんじょう》事件の話でもちきりとなったが、その一年九カ月後、江戸の人々、いや日本全土を仰天させるさらなる大事件が勃発する。なんと、大石内蔵助ら旧赤穂藩士四十七人が「亡君の無念を晴らすため」と称し、本所松坂町の吉良邸を襲撃し、上野介を討ち取ってしまったのである。

この襲撃事件に対し、主人や親への忠義・忠孝心が最も尊ばれた時代だけに老若男女、武家も町人も一様に「天晴れ、武士の鑑《かがみ》である」と狂喜した。困惑したのは幕府である。主君の仇をとることそれ自体は称賛されてしかるべきだが、市民と一緒になって赤穂浪士を賛美したのでは暗に最初の将軍家の裁定が間違いだったと認めることになる。さらにまた、夜間、徒党を組んで人の家に押し入ることを黙許《もっきょ》したとあっては、天下の法も秩序もあったものではない。

私闘か義挙か、処罰か助命か――。悩んだ末に幕府が下した裁定は、討ち入りに参加した浪士全員を切腹に処することだった。単なる打ち首と違い切腹であれば浪士たちの武士としての面目は保たれ、それでいて江戸の治安を騒がせた犯罪者として処罰を加えたことにもなる。まさに、苦肉の折衷案であった。

一方、主人の首を取られた吉良家に対しても評定所の裁定が下された。その結果は現代の常識や価値観からすれば何とも腑《ふ》に落ちないものだった。襲撃を受けた際、薙刀《なぎなた》をふるってよく奮戦した上野介の養嗣子・義周は除封のうえ、信濃高島藩へ配《はい》流《る》を申し渡される。父（上野介）を守りきれなかったのは子として不手際極まりない、という無茶苦茶な理由だった。これではどちらが被害者か分かったものではない。それだけ世間に赤穂浪士に対する同情の声が渦巻いており、そうした市民感情に配慮した偏った裁定であったと言わざるを得ない。

いずれにしろ、義周は討ち入り事件から四年後、牢獄のような劣悪な配流生活に体を蝕《むしば》まれ、二十一歳の若さで病没する。足利以来の名門・三河吉良氏の嫡流はこうして断絶した。

確かに上野介という人物は名門であることを矜持《きょうじ》とし、江戸城内の大名・旗本から嫌われていたことは事実のようである。刃傷事件に先立つこと三年前、やはり勅使饗応役を務めた津和野藩主・亀井茲親《これちか》が上野介から侮辱を受け、上野介を斬ろうとしたことがあった。また、上野介が津軽公の屋敷に招待されご馳走を出された折など、「おかずは良いが、めしがまずい」と聞こえよがしに言ったという。

そんな権柄《けんぺい》ずくな上野介だが、自分の領地の農民などにはまた違った一面を見せている。たとえば、度重なる水害問題を解決するため山間部に大規模な堤防を築かせたり、新田開発にも積極的に取り組んだりした。今日なお上野介が吉良町周辺では「名君」として敬慕されている所以《ゆえん》である。上野介という人は典型的な内柔外剛の性格だったに違いない。

しかし、だからといって刃傷事件の非はすべて上野介の側にあったとは言い切れない。今日では内匠頭の性格に起因するところが大であると考えられている。それが証拠に、内匠頭という殿様は生来短気で、しかも母方から受け継いだ痞《つかえ》（緊張から起こる興奮や頭痛）という病に度々苦しめられていたことが分かっている。刃傷事件の前々日にも、勅使饗応という大役に緊張したものか、痞を発していたことが記録によって明らかだ。

つまりは短気な内匠頭と尊大な上野介が出会ったことで起こった偶発的な悲劇、それが松の廊下における刃傷事件発端の真相であろう。この刃傷事件だけなら後世、ここまで上野介が悪者になることはなかったはずだ。しかし、そのあとで起きた討ち入り事件によって上野介のキャラクターが確立してしまった。しかも赤穂浪士たちは様々な苦難を乗り越えて本懐《ほんかい》を遂げたのち、桜の花の散るがごとく死出の旅路についた。この忠義の者どもの潔い死に様に感動した後世の人々は浪士たちをいよいよ美化し、さらにその潔さを際立たせるために上野介を必要以上に悪玉に仕立ててしまったのである。

つまり、大衆（マスコミ）によって今日の吉良上野介像が形成されたと言ってよい。上野介自身、刃傷事件にしても討ち入り事件にしても、自分がなぜ襲われるのかよく理解していなかったはずだ。むろん、泉下の上野介の魂魄《こんぱく》は今も自身の無実を叫び続けているに違いない。

赤穂事件の〝不忠者〟
大野九郎兵衛の真実とは

芝居の「仮名手本忠臣蔵《かなでほんちゅうしんぐら》」の中で、同じ家老職でありながら対照的な生き方をした二人の武士が登場する。その二人は実在の人物をモデルにしており、一方はご存じ大石内蔵助（役名・大星由良之助）、もう一方は大野九郎兵衛（同・斧九太夫《おのくだゆう》）だ。祇園《ぎおん》一力茶屋の場面で由良之助の動静を縁の下からうかがう卑劣なスパイ――それが九太夫である。

この場面からも分かるように、大野九郎兵衛に対する世間のイメージは「腰抜け武士」、あるいは「逐電《ちくでん》家老」などと言われ、けっして良いものではない。同じ赤穂藩の重役でありながら、一方の内蔵助は吉良邸討ち入りに見事成功して「武士の鑑」と称賛されたのに対し、討ち入りに加わらなかったばかりに九郎兵衛のほうは三百年先の今日まで汚名を着ることとなった。

一体、二人の運命を分けたものとは何だったのだろうか。そして、九郎兵衛は本当に卑怯未練な腰抜け武士だったのであろうか――。

播州赤穂藩の筆頭家老・大石内蔵助のもとに、その衝撃的な事件の第一報が江戸鉄砲洲の赤穂藩邸からもたらされたのは、元禄十四年（一七〇一）三月十九日早朝であった。早水《はやみ》藤左衛門、萱野《かやの》三平の両人が早打ち駕籠を仕立て、百五十五里（約六百十キロ）の道程を四昼夜で駆け抜けてきたのである。

内蔵助は両人から渡された手紙によって、主君浅野内匠頭長矩《たくみのかみながのり》が殿中で吉良上野介に刃傷に及んだことを知る。まさに、お家存亡の一大事である。内蔵助はただちに在国藩士二百数十人を総登城させた。こうして、この日から内蔵助と大野九郎兵衛の運命は大きく変転することになった。

当時、赤穂藩には大石内蔵助（千五百石）、藤井又左衛門（八百石）、安井彦右衛門（六百五十石）、そして大野九郎兵衛（同）という四人の家老がいた。内蔵助以外は才幹によって抜擢された一代家老である。九郎兵衛は元禄以前は組頭であったが、元禄の初年に家老に昇進した。理財に長《た》けており、特産の赤穂塩の製造と販売に才を発揮、藩財政を大いに潤わせることに貢献したという。

この九郎兵衛が、開城か籠城かをめぐり、内蔵助と激しく対立する。内蔵助らの一派は籠城戦か、さもなければ開城ののち切腹して殉死を遂げるという強行案を主張したのに対し、九郎兵衛らの一派は、ここは公儀（幕府）の心証を悪くしないために開城し、そののちお家再興を図るべきであると説《と》いた。

さらに、藩士への分配金（つまり退職金）をめぐっても、内蔵助と九郎兵衛はぶつかった。内蔵助は小禄の者を助けるため高禄になるほど減らしたほうがよいと言い、九郎兵衛は高禄になればそれだけ出費も多いのだからここは禄高に応じて分配するべきと譲らなかった。

両方の折衷案を採用することで分配金の問題は解決したものの、開城か籠城かの結論はまだ出ていなかった。騒然とした空気が支配するなか、九郎兵衛が一族を伴い、赤穂を逐電してしまう。四月十一日夜のことである。籠城して武士の意地を見せるという内蔵助ら過激派の情緒的意見には、理性的な九郎兵衛はついていけなかったのだろう。

それはともかく、在国藩士二百数十人のうち六十人ほどが内蔵助の意見に賛同し、籠城を決めた。むろん、この小勢で城を守ることなど到底無理である。そこで、自然と切腹によって抗議の気持ちを天下に示そうということになった。これに驚いたのが、広島の浅野本家である。籠城したあげく切腹などされては、公儀の裁定に対する不満をあからさまに表明したことになり、後日、累《るい》が浅野本家に及ぶことは火を見るより明らかだった。

そこで、浅野本家では井上団右衛門という者を使者につかわし、開城に応じるよう内蔵助を説得させた。結局、このときの団右衛門の説得に折れる形で内蔵助は開城に踏み切る。四月十九日のことだった。

さて、大野九郎兵衛。開城の直前に赤穂を出奔《しゅっぽん》した九郎兵衛とその一族は、大坂の赤穂藩塩問屋・塩屋五郎兵衛方の離れに落ち着いた。ここで赤穂藩の再興運動を行ったと言われているが、確証はなく、すぐにその消息は途絶えてしまう。

こうして逐電家老――大野九郎兵衛は歴史の闇の彼方へ消えてしまった。しかし、九郎兵衛が訪れたという伝承や九郎兵衛の墓と称する史跡が青森県東津軽郡、山形県米沢市、福島県南会津、山梨県甲府市、群馬県安中市、京都・東山など全国の至る所に伝わっているのである。

この中で確度が高いのは群馬県安中市の磯部《いそべ》で、九郎兵衛が林遊謙《ゆうけん》と名乗り、近在の子供相手に手習いの師匠をしていたという話だ。磯部温泉の松岸寺《しょうがんじ》には「慈望遊謙居士」と刻まれた墓もある。

赤穂浪士による吉良邸討ち入り事件の報がこの磯部にも伝わると、遊謙は数日間家に閉じ籠って姿を見せなかったという。そして、後年、遊謙が亡くなって村人が遺品を整理していると、大石内蔵助の密書が見つかった。

その密書とは、自分（内蔵助）が襲撃に失敗した際は第二陣として上野介の首をあげてくれるよう九郎兵衛に依頼したものだった。村人らはそこで初めてこの手習いの師匠が大野九郎兵衛だということを知るのである。密書は九郎兵衛の墓の傍らに大切に埋められたが、そのうち何者かに盗まれてしまったという。

九郎兵衛がなぜこの群馬（上州）に滞在したかといえば、当時、上州には上野介の領地千石があったことと無関係ではない。内蔵助らが襲撃に失敗した場合、上野介はそのまま江戸の屋敷に留まるわけにもいかず、かといって実子綱憲《つなのり》がいる米沢の上杉家は公儀の目を気にして身柄を引き取ることに消極的だ。

本領の三河へ向かうにも世間の反発を考えれば、東海道を下って無事にたどり着ける保証はない。そこで九郎兵衛は、この上州にやってくる可能性が高いと読み、身元を隠して待ち伏せしていたのだという。真実は分からない。内蔵助の密書と称するものが発見されない限り、あくまでも伝承の世界である。

この九郎兵衛第二陣説は山形にも伝わっている。米沢に近い板谷峠という所に「南無阿弥陀仏」と彫られた十六基の碑があり、これが九郎兵衛一族の墓だという。つまり、上野介が上杉家を頼って峠を越えてくるところを待ち伏せする作戦だった。しかし、内蔵助らの襲撃が成功したことを伝え聞くと、九郎兵衛一族は「もはや未練はなし」とここで割腹して果てたのだという。話としては面白いが、なぜ自害する必要があったのだろうか……。

その一方で、九郎兵衛は晩年、京都・仁和寺《にんなじ》近くに住み、世間の目を気にしながら細々と暮らしていたという伝承もある。それを裏付けるのが、九郎兵衛の実弟とされる伊藤五右衛門の書簡が発見されたことだ。この中に九郎兵衛が某年四月六日、京都で亡くなり、黒谷墓地に葬られたと記されていた。

伊藤五右衛門の手紙のあて先は元赤穂藩の御用商人だった男で、手紙の信憑性は極めて高い。九郎兵衛は京都で亡くなっていたのである。ここで注目したいのは、九郎兵衛が世間の目を気にして暮らしていたという土地の言い伝えである。

九郎兵衛がもしも内蔵助と密約を結び、第二陣として上野介を狙うつもりであったなら、それを裏付ける内蔵助の書簡をきっと所有していたはずだ。その書簡を世間に公表すれば、九郎兵衛は天晴れな赤穂浪士の同志ということになり、なにも世間をはばかって暮らす必要はないわけだ。それをしなかったということは、密約は無かったことのなによりの証拠といえる。

それはさておき、九郎兵衛の不幸には同情を禁じえない。討ち入りに参加しなかった藩士のほうが参加した藩士よりもずっと多いわけで、九郎兵衛だけが「不忠者」として矢面に立たされるのは不公平である。

開城か籠城かで内蔵助と揉《も》めたときの言動からも分かるように、九郎兵衛という人は至って冷静な判断力の持ち主だ。それだけに、先が見えすぎて逐電という形で人より先走った行動に出てしまったのであろう。

しかし、お家の再興、あるいは籠城した場合の領民や本家筋への迷惑などを考え、九郎兵衛は九郎兵衛なりにあのとき自分は最良の決断を下したと固く信じていたに違いない。

四谷怪談・お岩のイメージは、いかに史実から離れて広まったのか

　女の怨念を扱った怪談の定番といえば、あのお岩さんが登場する「四谷怪談」である。「四谷怪談」（正しくは「東海道四谷怪談」）の原作者は江戸の文化・文政期に活躍した歌舞伎狂言作者の鶴屋南北《つるやなんぼく》（四世）で、実話をもとに著述したものだという。初演は文政八年（一八二五）。サスペンスたっぷりの物語の面白さもさることながら、「戸板返し」「提灯抜け《ちょうちんぬけ》」など奇抜でオドロオドロしい演出でもたちまち大評判を呼び、江戸中の話題をさらった。

　そうなると、舞台になった場所はとたんに観光スポットとして脚光を浴びることになるのは今も昔も変わらない。それが東京・四谷に現存する「於岩稲荷田宮神社」だ。ここにお岩の霊が祀られている。今日、「四谷怪談」を上演する演劇関係者はお岩の祟りを恐れ事前に参拝するのが慣例となっている。

　一体、実在したお岩とはどのような女性だったのか。本当に、怨霊となって男を

取り殺すほどひどい仕打ちを生前に受けていたのだろうか。そして、今日、幽霊といえばお岩を思い浮かべる人も少なくないが、そのイメージははたしてどこまで正しいのだろうか――。

この物語は歌舞伎狂言最大のヒット作である「忠臣蔵」仕立てになっているのが特徴だ。お岩には民谷伊右衛門《たみやいえもん》という夫がいた。かつては塩冶家《えんや》（「忠臣蔵」で浅野家をモデルにした大名家）の浪人であったが、取り潰しのドサクサに乗じて主家の金を盗むほどの悪党だった。お岩の父四谷左門《よつやさもん》も同じく塩冶家の浪人であったが、伊右衛門の悪事を知り、お岩との離別を迫る。しかし、伊右衛門は舅《しゅうと》の左門を人知れず殺害し、何食わぬ顔でお岩との生活を続けていたのだった。

二人が暮らす隣家には高師直《こうのもろなお》（「忠臣蔵」に登場する、吉良上野介をモデルにした人物）の家来伊藤喜兵衛が住んでいた。喜兵衛にはお梅という孫娘があった。そのお梅が自分に岡惚れしていることを知った伊右衛門は、高家に就職することを条件に婿になることを承諾し、すでに子を宿していたお岩に乱暴をはたらき離別しようとする。ひどい話である。

喜兵衛もまた、孫娘かわいさから顔が醜くただれてしまう毒薬をお岩に騙して飲ませ、伊右衛門の心が完全にお岩から離れるよう仕向ける。やっと騙されていることに気づいたお岩だったが、ときすでに遅かった。伊右衛門から密通を唆《そそのか》された按摩宅悦《たくえつ》ともみあっているうち、刀で自分の喉を切って絶命する。

お岩の死を知り、これで邪魔者がいなくなったと安心した伊右衛門。不義密通にみせかけるため無慈悲に殺害した下男共々お岩の死体を戸板に打ちつけ、川に流してしまう。そののち、恐ろしい亡霊となったお岩は憎い喜兵衛とお梅を呪い殺し、伊右衛門にも祟るようになる。そして、お岩の亡霊に悩まされた末に狂乱したところを、お岩の義弟佐藤与茂七《よもしち》によって伊右衛門は討たれる。こうして怨みの晴れたお岩の霊はついに成仏したのであった。

物語はこんな筋立てだ。悪党の伊右衛門に騙され、あえない最期を遂げたお岩がなんとも哀れだ。亡霊となって伊右衛門を呪い殺そうとする心情も充分理解できる。しかし、実在のお岩と夫との関係はどうだったのだろうか――。

確かにモデルとされるお岩・伊右衛門夫婦は江戸時代に実在したのだが、実像は「四谷怪談」とまったくかけ離れていた。田宮神社の由来によると、お岩の本名は田宮岩といい、江戸時代の初期、四谷左門町に住んでいた。夫伊右衛門は下級武士で生活は苦しかったが、仲睦まじい夫婦だった。

お岩は内助の功を発揮し、商家に奉公に出るなど家計をよく切り盛りした。信心深い女性でもあり、屋敷内に祀る稲荷神を熱心に信仰していた。お陰で田宮家は発展し、お岩は土地の人々から貞女の鑑ともてはやされる。うわさを聞きつけ、この稲荷神を詣でる女性が引きも切らなかったという。

のち、この稲荷神は「お岩稲荷」とか「四谷稲荷」「左門町稲荷」などと呼ばれ、信仰を集めた。これが今日に伝わる田宮神社の由来だ。

そんな貞女の鑑だったお岩をモデルにしたはずなのに、なぜ物語では一転して夫を呪い殺す恐ろしい怨霊とされてしまったのか。この点については作者の鶴屋南北に聞くしかないが、記録を残していないだけに今日まで謎のままなのである。

一説に、当時、密通を働いた男女を戸板にくくりつけて川に遺棄するというセンセーショナルな事件があり、南北はこれに着想を得たものという。しかし、密通を働くような女が主人公では因縁話として盛り上がりに欠ける。生前、貞女であればあるほど、怨霊となって夫に復讐するという筋立てに無理がなくなり、観客の同情の涙も誘うというものである。

そこで、どこかに貞女のモデルになる格好の女がいないものかと見渡したとき、信仰を集めるお岩稲荷があった。お岩なら二百年も前の女性だけにモデルに借用しても文句は出ないはず、と南北は踏んだのであろう。ただ、さすがに実名を出すわけにはいかず、名前の田宮は民谷に、舞台も四谷左門町ではなく雑司ケ谷《ぞうしがや》四谷とし、東海道という関係のない地名を加えて創作であることを強調したのである。

ところが、芝居があまりにもヒットし、かえってお岩稲荷への参拝者を増やす皮肉な結果となった。そして、決定的だったのは初演から二年後に『文政町方書上』の付録として芝居の内容と似通った『於岩稲荷来由書上《おいわいなりらいゆかきあげ》』が世に登場したことだ。この創作ガイドブックによって、「四谷怪談」があたかも田宮家の歴史の一部であるかのように誤解されてしまったのである。

「四谷怪談」では民谷家は断絶となるが、実際の田宮家は初代伊右衛門から現当主まで永々十一代続き、代々於岩稲荷を守ってきた。「四谷怪談」以来、恐ろしい怨霊の総本家のように扱われてきた田宮家の人々には同情を禁じえない。何の因果か、亡くなって二百年も経ってから、芝居の中でお岩は怨霊となって蘇ったわけで、実際のお岩の霊にすれば文字通り寝耳に水であったろう。

幕末動乱期「死の商人」と言われたトーマス・グラバーの生涯

幕末動乱期、欧米の最新兵器を諸藩に売り込む、外国から来た「死の商人」が暗躍した。その一人が長崎の観光名所、グラバー邸で知られる英国人トーマス・グラバーである。

安政六年（一八五九）、長崎が開港したその年、グラバーは日本で一旗あげようとの野心を抱いて上海《シャンハイ》から来日した。彼は「グラバー商会」を設立すると、抜群の商才でみるみる事業を拡大していった。

倒幕運動が盛んになると、グラバーは幕府と反幕府の間で双方を両天秤にかけながら商売をし、艦船や武器を売りまくった。母国から輸入した艦船を反幕勢力の薩摩や長州はもとより、幕府にも、あるいは親藩の和歌山、宇和島にも売りつけている。その総数は二十四隻、当時の金額で百六十八万ドルにのぼっている。

やがて時流を鋭く見抜いたグラバーは旧態依然とした徳川幕府をいち早く見切り、

薩摩や長州といった西南諸藩をおもな取り引き相手にして商売を広げていく。薩長連合が成立し幕府が追い込まれる一八六六年には、社員二十四名を擁する日本最大の外国商社となり、武器商人として確固たる地位を築くのである。

薩長側に加担し艦船や武器を供給したことで明治維新に貢献したといえるグラバーだが、彼の日本での足跡をたどってみると、単なる「死の商人」として片づけられないものがあることが分かってきた。

一八三八年、スコットランドに生まれたグラバーは十九歳で上海に渡り、スコットランド系の商社に勤務する。そこで長く鎖国状態にあった日本市場に着目し、二十一歳の時、開港したばかりの長崎にやってくる。

グラバーはまず日本茶の輸出を手がけ、その後、海産物、石炭、木綿、毛織物の輸出と、どんどん商売を広げていった。こうして頭角を現しはじめたグラバーは、やがて東アジア最大の貿易商社ジャーディン・マセソン商会の長崎代理人となり、来日四年目には港の見える南山手の高台に瀟洒《しょうしゃ》な邸宅を建設するまでに成功を収めたのである。

開港まもない長崎は、日本の志ある若者にとっては海外の空気に触れることができる憧れの地であり、グラバーは商売上の情報を得る目的からそんな若者たちと盛んに交流を深めている。それが証拠に、グラバー邸には天井裏に隠し部屋があり、ここには長州の桂小五郎（木戸孝允《たかよし》）、伊藤俊輔（博文）、井上聞多（馨《かおる》）、薩摩の五代才助（友厚《ともあつ》）ら志士たちが奉行所の目を盗んで出入りしていたという。

一八六三年、長州の伊藤や井上らが密かに渡英して産業革命華やかなりし西洋文明に驚嘆し、それまで固執《こしつ》していた攘夷を断念するきっかけとなるのだが、そのお膳立てをしたのはグラバーだった。このほか、一八六五年には五代ら薩摩藩留学生十五名の密出国を助け、長崎奉行所の取り調べを受けている。

グラバーがこうした行動に出たのは、単に商売相手の薩長だからというより、有為な若者に広く世界を見聞させ、日本の未来を切り開く先駆けになってほしいとの思いがあったからに違いない。もちろん、やがてこのことが自分の商売にプラスになって跳ね返ってくるだろうという商売人としての計算が働いていたことは否定できないだろう。

その後、グラバーは長崎造船所の発祥地となった小菅《こすげ》に修船所を建造したり、大浦海岸に日本最初の蒸気機関車を走らせたり、高島炭坑に近代的な採掘法を導入したりと、それまで日本になかった数々の事業を手がけている。彼は自分のこうした事業が結果的に日本の産業の近代化に貢献することになると考えていたはずだ。

明治に入ると「死の商人」としての役目も終え、グラバーは高島炭鉱の経営など産業資本家への転身を目指すが、諸藩の掛売りを回収できずに破産してしまう。その後は土佐出身の岩崎弥太郎が社長を務める三菱商会とともに歩み、晩年は財閥となった三菱の顧問として活躍した。

グラバーの才覚は、むしろこの三菱の顧問時代に表れている。かつて密航の手助けをした伊藤博文は初代総理大臣になるなど、グラバーの人脈は豊富で政財界に少なからず影響力を持っていたからだ。三菱側はこうしたグラバーの人脈を最大限に利用したようである。

明治四十一年には日本政府から外国人で初めて勲二等旭日重光章を授けられている。晩年は東京・麻布に邸宅を与えられ、華族待遇を受け何不自由なく暮らした。

ちなみに、グラバーは日本人女性を妻（名はツル）としており、この女性こそ有名なオペラ「マダム・バタフライ」の蝶々夫人のモデルと言われている。

ツルは武家の出身で、常に控えめで折り目正しく、毅然《きぜん》とした態度を崩さない賢夫人だった。グラバーが日本人の精神性に好感を持つに至ったのはこのツルの存在が大きかったからと言われている。

明治四十四年（一九一一）十二月、グラバーは明治が終わる七カ月前に病死した。享年七十三。二十一歳で来日してから没するまでほとんど日本で過ごしたグラバー。彼はけっして単なる「死の商人」などではなく、明治維新に大きく貢献した外国人の一人だった。

商人に徹しきれなかったのはおそらく彼自身、同世代の桂や伊藤らと同じ時代の空気を吸ったことで、国境を越えた連帯意識が生まれていたからであろう。グラバーはまぎれもなく、日本の国を憂えた青い目の志士であった。

《参考文献》

「日本全史（ジャパン・クロニック）」（講談社）／「歴史群像シリーズ1　織田信長」「同11　徳川家康」「同15　賤ヶ岳の戦い」「同21　西南戦争」「同39　会津戦争」「同戦国セレクション　伊達政宗」（以上、学習研究社）／「堂々日本史　第3巻」「同　第4巻」「同　第6巻」「同　第8巻」「同　第9巻」「同　第10巻」「同　第13巻」「堂々戦国史　別巻2」「その時歴史が動いた」（以上、ＮＨＫ取材班編・ＫＴＣ中央出版）／「大系日本の歴史3　古代国家の歩み」吉田孝著、「同4　王朝の社会」棚橋光男著、「同6　内乱と民衆の世紀」永原慶二著「ビジュアル・ワイド江戸時代館」竹内誠監修（以上、小学館）／「逆説の日本史5中世動乱編」井沢元彦著（以上、小学館文庫）／「目からウロコの幕末維新」山村竜也著、「歴史人物群像　戦国武将運命の合戦」会田雄次監修（以上、ＰＨＰ）／「早わかり戦国史」外川淳編、「徳川十五代知れば知るほど」大石慎三郎監修（以上、実業之日本社）／「歴史を動かした男たち　近世・近現代編」高橋千剣破著（中央文庫）／「週刊ビジュアル日本の歴史61　貴族の没落1平家の滅亡」「同92　奈良から平安へ2壬申の大乱」（以上、デアゴスティーニ・ジャパン）／「週刊朝日百科1　日本の歴史・中世Ⅰ—①源氏と平氏・東と西」「同4　同・中世Ⅰ—④鎌倉幕府と承久の乱」「同11　同・中世Ⅱ—①後醍醐と尊氏・建武の新政」「同17　同・中世Ⅱ—⑦応仁の乱」「同21　同・中世から近世へ—①戦国大名」「同24　同④一向一揆と石山合戦」「同25　同⑤信長と秀吉・天下一統」「同27　同⑦関が原・合戦の変遷」「朝日日本歴史人物事典」朝日新聞社編（以上、朝日新聞社）／「別冊歴史読本謎シリーズ①　原始・奈良・平安」「同②　鎌倉・室町・戦国」「同③　江戸・幕末維新」「別冊歴史読本　古代王朝１００の謎」「同　日本史疑惑の宗教事件」「同　日本の英雄１０５人」「同　日本人物総覧」「同　入門シリー

ズ　日本史用語雑学大事典」「同　新選組隊士録」「同　教科書が教えない　日本史のカラクリ」「同　事典にのらない　日本史有名人の晩年」「同　歴史の［その後］日本史追跡調査」「同　日本古代史［謎］の最前線」「同　日本史をさわがせた夫婦たち」「同特別増刊　歴史を変えた24時間」「同　検証シリーズ日本史の争点１０１」「歴史読本　昭和五十二年三月号」「同　昭和五十三年三月号」「同　昭和五十五年六月号」「同　昭和五十八年十二月号」「同　昭和五十九年三月号」「同　臨時増刊85-12」「同　昭和六十年六月号」「同　一九八九年五月号」「同　一九九〇年八月号」「同　一九九一年十月号」「同一九九二年七月号」「同一九九三年六月号・九月号・十月号」「同　一九九四年一月号」「同一九九五年三月号」「同　二〇〇〇年十月号」「同　二〇〇一年十二月号」（以上、新人物往来社）／「歴史クローズアップ　日本史の謎」（世界文化社）／「歴史と旅　昭和53年6月号」「同　平成六年11月号」「同　平成七年4月号」「同　一九九九年四月号」「同臨時増刊　謎と異説の日本史総覧」「同　織田信長総覧」「同　大名家の事件簿総覧」「同　秘録藩史物語」「同　日本史の謎１００選」「同　日本史ライバル総覧」（秋田書店）／「新詳日本史図説」（浜島書店）／「ビジュアルワイド図説日本史」（東京書籍）／「山川日本史総合図録　増補版」（山川出版社）／「広辞苑」新村出編（岩波書店）／「コンサイス人名辞典　日本編」「コンサイス外国人名辞典」（以上、三省堂）／「早わかり古代史」松尾光編著（以上、日本実業出版社）

※本書は、『日本史　あの人の言い分』（２００４／青春出版社）に、新たな情報を加えて、再編集したものです。

青春文庫

「逆張《ぎゃくば》り」で暴《あば》く 不都合《ふつごう》な日本史《にほんし》

2025年3月20日　第1刷

編　　者　歴史《れきし》の謎研究会《なぞけんきゅうかい》

発 行 者　小 澤 源 太 郎

責任編集　株式会社プライム涌光

発 行 所　株式会社青 春 出 版 社

〒162-0056　東京都新宿区若松町 12-1
電話 03-3203-2850（編集部）
　　 03-3207-1916（営業部）
振替番号　00190-7-98602

印刷／中央精版印刷
製本／フォーネット社

ISBN 978-4-413-29872-8

地理がわかるとニュースの解像度があがる

ワールド・リサーチ・ネット［編］

すべては、その「場所」に理由があった！　中国が南沙諸島にこだわる地政学的狙いほか…領土、国境、貿易、ビジネスの本質がわかる

(SE-867)

「ねこ背」を治す1日1分ストレッチ！

5つのタイプ別・コリと痛みがスーッと消える本

碓田琢磨

「ねこ背、本当は怖い」
肩こりや腰痛が治らないのは、自分の「治癒力」が追い付いていないから

(SE-868)

頭のいい人が人前でやらないこと

樋口裕一

忙しい自慢をしてしまう、自分の正義を押し付ける、拡大解釈をして的外れなことを言う……そのふるまい、考え方はバカに見えます！

(SE-869)

情報に踊らされてる!?　政治と経済の真実を見極める力

知的生活追跡班［編］

この基礎知識だけで、自然と頭が鋭くなる！　日銀短観って何？　国会の「理事会」で何を話しあう？　ほか…大人のための超入門

(SE-870)